Rekonstruktive Bildungsforschung

Band 15

Reihe herausgegeben von
M. Heinrich, Bielefeld, Deutschland
A. Wernet, Hannover, Deutschland

Die Reihe ‚Rekonstruktive Bildungsforschung' reagiert auf die zunehmende Etablierung und Differenzierung qualitativ-rekonstruktiver Verfahren im Bereich der Bildungsforschung. Mittlerweile hat sich eine erziehungswissenschaftliche Forschungstradition gebildet, die sich nicht mehr nur auf die Rezeption sozialwissenschaftlicher Methoden beschränkt, sondern die vielmehr eigenständig zu methodischen und methodologischen Weiterentwicklungen beiträgt. Vor dem Hintergrund unterschiedlicher methodischer Bezüge (Objektive Hermeneutik, Grounded Theory, Dokumentarische Methode, Ethnographie usw.) sind in den letzten Jahren weiterführende Forschungsbeiträge entstanden, die sowohl der Theorie- als auch der Methodenentwicklung bemerkenswerte Impulse verliehen haben.

Die Buchreihe will diese Forschungsentwicklung befördern und ihr ein angemessenes Forum zur Verfügung stellen. Sie dient vor allem der Publikation qualitativ-rekonstruktiver Forschungsarbeiten und von Beiträgen zur methodischen und methodologischen Weiterentwicklung der rekonstruktiven Bildungsforschung. In ihr können sowohl Monographien erscheinen als auch thematisch fokussierte Sammelbände.

Reihe herausgegeben von

Martin Heinrich
Universität Bielefeld
Bielefeld, Deutschland

Andreas Wernet
Hannover, Deutschland

Weitere Bände in der Reihe http://www.springer.com/series/11939

Thomas Wenzl · Andreas Wernet
Imke Kollmer

Praxisparolen

Dekonstruktionen zum Praxiswunsch
von Lehramtsstudierenden

 Springer VS

Thomas Wenzl
Hannover, Deutschland

Andreas Wernet
Hannover, Deutschland

Imke Kollmer
Hannover, Deutschland

Rekonstruktive Bildungsforschung
ISBN 978-3-658-19460-4   ISBN 978-3-658-19461-1   (eBook)
https://doi.org/10.1007/978-3-658-19461-1

Die Deutsche Nationalbibliothek verzeichnet diese Publikation in der Deutschen National-
bibliografie; detaillierte bibliografische Daten sind im Internet über http://dnb.d-nb.de abrufbar.

Springer VS
© Springer Fachmedien Wiesbaden GmbH 2018

Gedruckt auf säurefreiem und chlorfrei gebleichtem Papier

Springer VS ist Teil von Springer Nature
Die eingetragene Gesellschaft ist Springer Fachmedien Wiesbaden GmbH
Die Anschrift der Gesellschaft ist: Abraham-Lincoln-Str. 46, 65189 Wiesbaden, Germany

Inhaltsverzeichnis

Zur Dekonstruktion der Imagerie der Praxisbedeutsamkeit

Einleitende Bemerkungen

Dass es zu einer grundlegenden Erwartung der Lehramtsstudierenden an ihr Studium gehört, dieses möge dazu beitragen, Fähigkeiten zu entwickeln, die für die Bewältigung des beruflichen Alltags unmittelbar nützlich sind, ist nicht von der Hand zu weisen. In unterschiedlichsten Situationen sind die Lehrenden immer wieder mit dieser Erwartung konfrontiert. Auch die offiziellen Statements zur universitären Lehrerbildung gehen regelmäßig in diese Richtung. Es scheint ausgemachte Sache zu sein, dass ein Lehramtsstudium umso besser ist, je mehr es ihm gelingt, einen „fertigen", auf die Praxis vorbereiteten Lehrer hervorzubringen.

Diese Erwartungen von „unten" und von „oben" sind von dem in Deutschland dominierenden Modell einer universitären Lehrerbildung, auf die ein Referendariat folgt, nicht nahegelegt. Denn dieses Modell basiert strukturlogisch eigentlich auf einer *Entlastung* der universitären Lehre von unmittelbaren handlungspraktischen Ansprüchen, deren Einlösung die Eigenlogik der „Zweiten Phase" offensichtlich unterliefe, indem es die dortigen Ausbildungsansprüche vorwegnehmen würde. Insofern läge es aus der Perspektive der Studierenden (wie natürlich auch aus der Perspektive der institutionellen Akteure) durchaus nahe, von dem Studium eine wie auch immer konkretisierte intellektuelle Bereicherung zu erwarten und berufspraktische Erwartungen gerade nicht an das Studium, sondern an das Referendariat zu richten: „Lasst uns doch mit berufspraktischen Fragen in Ruhe; mit denen beschäftigen wir uns später."

Diese Perspektive einer Freistellung und Entlastung, die mit der universitären Ausbildung einhergehen könnte, wird von den Studierenden kaum eingenommen.

Dominant oder zumindest tonangebend ist die gegenteilige Erwartungshaltung: „Wir wollen Lehrer werden: Helft uns dabei. Wir wollen unterrichten: Wie macht man das?" Die universitäre Lehre sieht sich mit dieser Grundhaltung systematisch konfrontiert und muss sich gegenüber diesen Erwartungen positionieren. Wenn wir das Studium als klientenorientierte Dienstleistung verstehen, liegt es nahe zu versuchen, diesen Erwartungen zu entsprechen, statt sie zu enttäuschen.

Aber worauf gründen sich diese Erwartungen und welche konkreten Vorstellungen an das Studium gehen mit diesen Erwartungen einher? Ziel der hier vorgestellten Fallrekonstruktionen ist es, diesen Praxiswunsch der Studierenden nicht einfach nur zu konstatieren, sondern ihn zu verstehen. Wir haben dafür aus einem Sample aus offenen Interviews zum Thema „Praxisbezug des Studiums", das wir im Sommersemester 2015 erhoben haben, kurze, indikative Sequenzen ausgewählt, die wir durch eine extensive objektiv-hermeneutische Interpretation auf ihre sinnstrukturelle Verfasstheit hin befragen. Die Auswahl dieser Sequenzen erfolgte intuitiv. Unser Vorgehen kann und will nicht beanspruchen, eine irgendwie als Durchschnitt gedachte studentische Disposition wiederzugeben. Wir zielen lediglich darauf, besonders prägnante Artikulationsformen des Praxiswunsches zu analysieren. Es sind gleichsam die Spitzen des Eisbergs, die wir im Folgenden in den Blick nehmen.

Wir sprechen von *Dekonstruktionen*, weil die Analysen zeigen, dass dem Praxiswunsch weder eine in sich stimmige noch eine realitätstüchtige Vorstellungswelt einer alternativen universitären Lehre zu Grunde liegt. Im weitesten Sinne haben wir es mit einem diffusen Ressentiment zu tun, das sich material in einem Beheimatungsproblem verorten lässt: Die Studierenden fordern „mehr Praxis", weil sie sich mit der Bildung einer studentischen Identität schwertun. Eigentlich schwebt ihnen nicht eine *alternative universitäre Lehre*, sondern eine *Alternative zur Universität* vor. Hinter dem Praxiswunsch steht der Wunsch, die Universität möge ihnen erspart bleiben. Sie wollen aus der Schule über die Schule in die Schule. Das Studium erscheint ihnen nicht als willkommenes Moratorium, in welchem sich Bildungschancen gerade deshalb eröffnen, weil und insofern es frei von berufspraktischen Ansprüchen ist. Das Studium erscheint als lästiger, ungeliebter Umweg. Was dort den Anschein hat, nicht im engen Konnex zur unterrichtlichen Praxis zu stehen – seien es Fachinhalte, von denen auszugehen ist, dass sie im Unterricht nicht auftauchen, seien es erziehungswissenschaftliche oder sozialisationstheoretische Einsichten, die über den engen Rahmen schulischer und unterrichtlicher Themen hinausgehen – wird nicht als intellektuelle Chance gedeutet, sondern als intellektueller Irrweg.

Dieser Befund soll in den folgenden Rekonstruktionen an einigen Sequenzsträngen empirisch plausibilisiert werden. Es geht dabei nicht um Entlarvung oder darum, den Wunsch der Studierenden nach einer größeren Nähe ihres Studiums zur Praxis lächerlich zu machen. Im Gegenteil: Die Dekonstruktionen zielen darauf, das empirische Phänomen einer Erwartungshaltung, die an die universitäre Lehre gerichtet ist, ernst zu nehmen, es anzuerkennen, ohne dabei naiv und unaufrichtig – wie diejenigen „pädagogischen" Positionen, die diesem Praxiswunsch Beifall zollen, um die eigene Abkehr von der Wissenschaftlichkeit der universitären Lehrerbildung zu legitimieren – eine „Wunscherfüllung" in Aussicht zu stellen. Wir stellen uns auf den Standpunkt einer universitären Lehrerbildung, die ihren wissenschaftlichen Anspruch betont und auf dieser Grundlage dazu bereit ist, die Erwartungen der Studierenden zu kränken, ohne diese zu verhöhnen. Darin besteht u.E. die eigentliche Anerkennungsleistung angesichts des Zusammentreffens disparater Erwartungshaltungen. Die Fallrekonstruktionen, die wir hier vorlegen, wollen auch als Plädoyer für eine Kultur der Lehre verstanden werden, die sich den Erwartungen der Lehramtsstudierenden stellt und ihnen doch nicht folgen kann. Gerade wenn man die Idee einer *Verbesserung der Lehre* nicht im Sinne der Steigerung von Effizienz zweckrational verkürzt, sondern diese Idee auch auf die Qualität des „Arbeitsbündnisses" bezieht, dann ist es aus der Perspektive der akademischen Lehre eben auch wichtig, um die diffusen Praxismotive der Studierenden zu wissen, um zu verstehen, worauf ihr Unbehagen gegenüber dem Universitären, mit dem die Lehrerbildung an der Universität so regelmäßig konfrontiert wird, sich gründet.

Dieses Unbehagen ist vielgestaltig. Jede der folgenden Fallrekonstruktionen macht eine jeweils andere Variante des problematischen Verhältnisses von Lehramtsstudierenden zu ihrem Studium sichtbar. Insofern kann der Leser von dem vorliegenden Band nicht die Explikation eines scharf konturierten Strukturproblems des Lehramtsstudiums erwarten. Vielmehr wird die Wirkmächtigkeit einer „Imagerie" eines besser auf die Berufspraxis vorbereitenden Studiums aufgezeigt: Die Selbstsicherheit und die Aura des Selbstevidenten, mit der die Studierenden ihre Wünsche nach einem stärkeren Praxisbezug in ihrem Studium vortragen, erweist sich bei näherem Hinsehen als in höchstem Maße brüchig. Sie kann nicht darüber hinwegtäuschen, dass die Kritik an der Praxisferne des Studiums in Wahrheit ein bloß vager gedanklicher Bezugspunkt in der Rede der Studierenden ist, der es ihnen zur Artikulation unfähigen, weil kaum verstandenen Ambivalenzen ermöglicht, sich in Form eines vermeintlich klaren und zustimmungspflichtigen Standpunktes Ausdruck zu verschaffen.

Eben dieses Phänomen eines objektiv diffusen Bezugspunkts, der zugleich im kommunikativen Austausch subjektiv nicht als diffus, sondern, im Gegenteil, als stabiler kollektiver Nenner unter Lehramtsstudierenden wahrgenommen wird, versucht der Begriff der „Imagerie"[1], auf den wir immer wieder zurückgreifen und der die theoretische Klammer unserer Fallrekonstruktionen darstellt, einzufangen. Wir wollen mit ihm darauf hinweisen, dass sich die Praxiswünsche von Studierenden gerade nicht um ein kollektiv geteiltes, inhaltlich klar bestimmbares Problem herum gruppieren, an dem sie sich in je unterschiedlicher Art und Weise abarbeiten. Sie sind vielmehr über einen *Assoziationskomplex* miteinander verbunden, der all ihre Äußerungen, die sich in einer hinreichenden sprachlichen Nähe zu etwas befinden, das sich nach einem Wunsch nach „mehr Praxis" anhört, mit einer eigentümlich selbstverständlichen Legitimität ausstattet und sie als etwas erscheinen lässt, das sie objektiv nicht sind.

Die Form des vorliegenden Bandes, acht Analysen von unterschiedlichen Artikulationsformen eines studentischen Praxiswunsches in ihrer Heterogenität unverbunden nebeneinanderzustellen, steht entsprechend in einem inneren Zusammenhang zu dem hier interessierenden Problemkomplex: Es ist eben die Funktionsweise der „Imagerie des Praxiswunsches", dass sie eine akklamative Kraft nicht für spezifische, sondern für alle möglichen Haltungen von Studierenden zu ihrem Studium zu erzeugen vermag, solange diese sich, in welcher Form auch immer, der Forderung nach „mehr Praxis" anschließen. Wir haben es nicht mit Praxiswunsch*typen* zu tun, die sich durch ein „theoretical sampling" empirisch sättigend rekonstruieren ließen. Vielmehr stellt sich der auf den ersten Blick vermeintlich gemeinsame Nenner „mehr Praxis" auf den zweiten Blick als ein trübes diskursives Sammelbecken dar, in das Studierende ihre unterschiedlichsten individuellen Unzufriedenheiten mit ihrem Studium hineinwerfen können. Sie äußern sich dabei stets in dem Gefühl, einem kollektiven Anliegen der Lehramtsstudierendenschaft Ausdruck zu verschaffen, und fordern doch ganz Unterschiedliches, durch partikulare Motive Begründetes.

Diese kollektiv-kommunikative und zugleich subjektiv-innere Funktion der Imagerie des Praxiswunsches wird erst in der Gesamtschau unterschiedlicher Fälle sichtbar. Diese offenbart, dass die Forderung nach „mehr Praxis" nichts anderes als eine leere „Parole" ist, die auf Grund ihrer vordergründigen Plausibilität und ihrer akklamativen Kraft von Studierenden dazu verwendet werden kann, ganz

---

1   Wir entlehnen diesen Begriff Adornos „Tabus über dem Lehrberuf":
Adorno, Th. W. (1977): Tabus über dem Lehrberuf. In: ders.: Kulturkritik und Gesellschaft II. Gesammelte Schriften. Bd 10.2. Frankfurt am Main: Suhrkamp, S. 656-673.
Vgl. auch: Wernet, A. (2016): Praxisanspruch als Imagerie. Über Lehrerbildung und Kasuistik. In: Merle Hummrich (u.a.) (Hrsg.): Was ist der Fall? Kasuistik und das Verstehen pädagogischen Handelns. Wiesbaden: Springer VS, S. 293-312.

heterogenen Ängsten und Unsicherheiten gegenüber dem Lehramtsstudium Ausdruck zu verleihen und sie im selben Zug zu verbergen.

Um diesen kommunikativen Wirkmechanismus freizulegen, schenken wir in unseren Analysen den *Inhalten* der konkreten Praxiswünsche der Studierenden mit ihren je unterschiedlichen Rationalitätsansprüchen eher wenig Aufmerksamkeit und fokussieren stattdessen das genuin *Fallspezifische* an den Selbstpositionierungen der Studierenden, das sich, gewissermaßen residual, auf latenter Bedeutungsebene in ihren Praxisforderungen mitartikuliert. Wir nehmen also gerade das Individuierte an den Praxiswünschen der Studierenden ernst, das nicht in der Pseudoplausibilität ihrer Forderungen nach mehr Praktika, studienbegleitender Unterrichtstätigkeit, praxisnäheren Studieninhalten, Unterrichtssimulationen in universitären Lehrveranstaltungen, etc. aufgeht.

Dabei zeigt sich etwas Irritierendes. Nicht nur stellt man in der überwiegenden Anzahl der Fälle das Fehlen einer positiven Zugewandtheit zur schulischen Praxis fest. In vielen Fällen stoßen wir sogar auf studentische Haltungen, die im Widerspruch zu dem nach außen vorgetragenen Wunsch nach „mehr Praxis" stehen. Unter dem Dach der Parole „mehr Praxis", so zeigt sich, versammeln sich die verschiedensten Formen eines Unbehagens, das erstaunlicherweise nicht nur das „praxisferne" Lehramtsstudium, sondern nicht selten auch die angeblich so heiß ersehnte schulische Praxis betrifft.

Diesem Unbehagen am und im Lehramtsstudium widmet sich der vorliegende Band. Es handelt sich um einen Werkstattbericht, in dem wir bewusst auf umfassende Theorie- und Literaturverweise verzichtet haben. Es ging uns mehr darum, auf ein Problem der Lehrerbildung hinzuweisen, als um eine systematische Abhandlung. Die folgenden Fallrekonstruktionen werfen Schlaglichter auf dieses Problem. Dem entspricht der Lesebuchcharakter des Bandes. Die einzelnen Schlaglichter stehen weitgehend für sich und können unabhängig voneinander gelesen werden.

Den Rest unseres Berufslebens

... joh wir haben uns ja alle dafür entschieden den Rest unseres Berufslebens und Großteil unseres aktiven Lebens dort zu verbringen also können wir auch frühzeitig damit anfangen damit wir gut vorbereitet sind ...

Fallvignette

Das zentrale Argument, durch das im ersten Fall[1] ein Plädoyer für eine berufspraktische Ausrichtung des Studiums begründet wird, ist auf der Oberfläche denkbar einfach: Insofern am Ende eines lehramtsbezogenen Studiums der Eintritt in das Berufsleben eines Lehrers stehe, scheint es der Studierenden sinnvoll, dass das Studium ohne Umschweife auf eben dieses Berufsleben vorbereiten solle. Es ist dies also die wohlbekannte Forderung danach, dass das Lehramtsstudium als ein berufsbezogenes Studium sich inhaltlich nicht zu weit von seinem Berufsbezug lösen sollte.

Bemerkenswert an diesem Plädoyer ist, dass es sich auf den zweiten Blick vor allem als Ausdruck einer resignativen Haltung gegenüber dem Lehramtsstudium und dem Lehrerberuf erweist. Der berufspraktischen Orientierung, die die Studierende fordert, liegt keine positive Einstellung zur Praxis zu Grunde, durch das ihr diejenigen Ausbildungsinhalte uninteressant erscheinen, die keine spätere berufspraktische Verwertbarkeit versprechen. Ihr Hauptargument ist vielmehr ein negatives: Das Privileg eines praxisentlasteten Studiums erscheint ihr als ein durchaus hohes Gut, allerdings als eines, das Fachstudierenden vorbehalten bleiben sollte. In ihrer Forderung nach einer stärkeren berufspraktischen Orientierung des Lehramtsstudiums kommt auf latenter Bedeutungsebene also vor allem eine

---

1 Studierende; FüBA/lehramtsbezogen; Englisch/Deutsch; 7. Semester

Hochachtung gegenüber einem „eigentlichen" Studium zum Ausdruck, sowie die
Resignation, diesen Weg selbst nicht eingeschlagen zu haben.

Fallrekonstruktion

Dass die Studierende, sie befindet sich am Ende eines polyvalenten Bachelorstudiengangs, von dem *Rest des Berufslebens* spricht, springt ins Auge. Diese Formulierung passt zu einer Situation, in der die Berufsbiografie zu großen Teilen
abgearbeitet ist. Denkbar ist durchaus, dass dieser *Rest* eine lange Zeitspanne
umfasst. *Den Rest meiner Berufszeit will ich auf meiner Position verbringen*, kann
man auch sagen, wenn man noch 20 oder 30 Berufsjahre vor sich hat. Was man
damit sagt, ist: „Ich schließe das Karrierekapitel". Der Rest ist berufliche Stille
und berufliches Schweigen.

Implizit ist also ein Karrieremodell in Anspruch genommen. Denn es macht
nur Sinn, von dem *Rest* zu sprechen, wenn eine Karriere oder doch zumindest eine
berufliche Ambitioniertheit vorangegangen ist. Wenn das *Berufsleben* als solches
keine Karrieredynamik enthält, wenn es als solches schon immer „Dienst nach
Vorschrift" war, macht es keinen Sinn, von einem *Rest* zu sprechen. In der beruflichen Normalsituation, eine Berufsposition erreicht zu haben und sie dauerhaft
auszufüllen, wäre die Rede vom *Rest* unangemessen.

Bei der Sprecherin sind diese Prämissen nicht gegeben. Geradezu kurios ist
es, im Alter von ca. 23 Jahren schon überhaupt den *Rest des Berufslebens* als gedanklichen Entwurf zu mobilisieren. Darüber hinaus aber, und das scheint uns
ebenso wichtig zu sein, unterläuft die Sprecherin die Unterscheidung zwischen
Studium und Beruf. Auf die Frage, was man beruflich mache, kann ein Student
nur antworten: „*Ich studiere (XY).*" Damit ist eben gesagt: „*Ich bin noch nicht
berufstätig.*" Umgekehrt bezeichnen wir als *Berufsstudenten* diejenigen, die sich
in ihrem Studentendasein biografisch verlieren und die ihr Studium gerade nicht
als eine eine berufliche Karriere eröffnende Ausbildungsphase ansehen.

Als dominante Bedeutungsstruktur der Äußerung kann also die Gleichset-
zung von *Studium und Beruf* rekonstruiert werden. Und dies wiederum bedeutet, dass die Sprecherin das Studium gar nicht als eine gegenüber der beruflichen
Praxis eigenständige Lebenssphäre und Lebensphase ansehen kann.

Für den hier interessierenden Gegenstand, die Motive des Praxiswunsches in
der universitären Lehrerbildung, liegt damit eine interessante Konstellation vor.
Wenn nämlich das Studium schon *Berufsleben* ist, dann ist die *Universität schon
Schule*. Und diese sinnstrukturelle Gleichung bedeutet wiederum, sich von der
Rolle eines Studierenden abzuwenden und sich in die Rolle eines *Schülers* zu

imaginieren. Dieser Aspekt ist verstörend. Denn logisch bedeutet natürlich die Vorverlegung des Berufslebens in die Phase des Studiums die Imagination einer *Lehrerrolle*. Denn das Berufsleben, das hier angesprochen ist, ist dasjenige des Lehrers. Nur bietet die Universität für Studierende keinen Ort, an dem sie sich in die Lehrerrolle einfinden könnten.

So oder so scheint der zentrale Aspekt der Äußerung darin zu bestehen, *die Universität als einen eigenständigen Ort der Lehrerbildung zu unterlaufen*. Mit der Studienwahl beansprucht die Sprecherin nicht nur, schon eine Berufswahl zu treffen. Schon dieser Anspruch ist angesichts eines polyvalenten Bachelorstudiengangs schwerlich aufrechtzuerhalten. Darüber hinaus aber, und das scheint uns hier der fallspezifische Befund zu sein, wird ein Dasein in einer *universitären Ausbildungslogik* schlichtweg getilgt.

Schauen wir uns nun den Sprechakt genauer an:

> *... joh wir haben uns ja alle dafür entschieden den Rest unseres Berufslebens [und Großteil unseres aktiven Lebens] dort zu verbringen also können wir auch frühzeitig damit anfangen [damit wir gut vorbereitet sind] ...*

Mit dem *joh* eröffnet die Sprecherin das Folgende mit einer alltagssprachlichen Variante eines „*nun ja*". Damit wird das Folgende als eine nicht weiter begründungsbedürftige, also selbstexplikative Darlegung angekündigt: „*es verhält sich folgendermaßen ...*"

Im Folgenden spricht sie nun nicht von sich selbst, sondern von einem Kollektiv. Nicht *sie* hat sich *entschieden*; *wir haben uns ja alle dafür entschieden*. Diese Formulierung beansprucht also, dass das Folgende für *alle* gilt, die sich in der gleichen Situation wie die Sprecherin befinden. Damit wird eine Figur eingeleitet, die auf die *unerwünschten Folgen* einer Entscheidung gerichtet ist. So könnte beispielsweise ein Gespräch mit einem Soldaten anfangen, der sich in einem Kampfeinsatz befindet und die Situation erläutert: „*Wir haben uns ja alle dafür entschieden, und jetzt müssen wir halt sehen, wie wir damit zurechtkommen.*" Es hat also gar keinen Sinn, die belastende Situation groß zu beklagen. Denn von Anfang an musste man mit ihr rechnen.

Dem entspricht die deiktische Formulierung: *dort zu verbringen*. Sowohl das *dort* als auch das *verbringen* verweisen auf eine eher negativ besetzte Lebenspraxis. Die Entscheidung, von der hier die Rede ist, kann nur als eine dem Reich der Notwendigkeit folgende sein. „*Eigentlich hatte ich keine andere Wahl, deshalb habe ich mich dazu entschieden, dort mein Berufsleben zu verbringen.*" Eine ganz andere Bedeutungsstruktur läge vor, hätte die Sprecherin gesagt: „*Wir haben uns ja alle dafür entschieden, Lehrer zu werden.*" Dann läge eben jener deprimierte

Grundton der Rede nicht vor. Wir können also schon an dieser kurzen Sequenz vermuten, dass die Sprecherin keine selbstbewusste und optimistische, Chancen der Selbstverwirklichung eröffnende Berufsentscheidung getroffen hat. Sie spricht über ihre Berufswahl so wie ein Arbeiter in einer strukturschwachen Region, der sich aus schierer Not dazu entschieden hat, sein Arbeitsleben auf einer Ölplattform in der Nordsee zu verbringen.

Interessant dabei ist, dass die Resignation, die in dem Sprechakt zum Ausdruck kommt, als kollektive Resignation erscheint; als wären alle, die sich für dieses Studium und diesen Beruf entschieden haben, in dieser resignierten Situation. Das ist nun gerade für den Lehrerberuf, jedenfalls in Bezug auf seine äußeren Merkmale, kaum nachzuvollziehen. Sollte es nicht Kommilitonen geben, für die die Entscheidung, Lehrer zu werden, eine positive, optimistische und hoffnungsfrohe Entscheidung darstellt? Das wären aus der Perspektive der Sprecherin hoffnungslose Illusionisten. Von vornherein wird der Beruf als solcher, und nicht nur das subjektive Verhältnis zu diesem Beruf (!), mit Resignation belegt.

Die Sprecherin ergänzt nun: *und Großteil unseres aktiven Lebens*. Was mit *aktivem* und komplementär dazu mit *passivem Leben* gemeint ist, ist nicht unmittelbar verständlich. Wir kennen die Unterscheidung zwischen aktiven und passiven Mitgliedschaften. Damit wird unterschieden zwischen denjenigen, die mit den alltäglichen Aufgaben einer zweckorientierten Community betraut sind und denjenigen, die lediglich unterstützend und okkasionell ihre Mitgliedschaft ausüben. Im Zusammenhang mit *Berufsleben* kann man dann von einer *aktiven* Zeit sprechen, wenn es auch eine *passive* Zeit gibt, die in irgendeinem Zusammenhang mit der *aktiven* steht. Zum Beispiel könnte ein Taxifahrer, der sich selbstständig gemacht hat und nur mehr mit Leitungs- und Verwaltungsaufgaben betraut ist, von seiner *aktiven Zeit als Taxifahrer* sprechen. Umgekehrt würde derjenige, der einige Jahre Taxi gefahren ist und dann in einen anderen Berufszweig gewechselt ist, von der Zeit als Taxifahrer sprechen, nicht aber von der *aktiven Zeit*.

Nun ist aber in der obigen Formulierung nicht von der Gegenüberstellung einer aktiven und passiven Zeit im Berufsleben die Rede. Auch wird nicht von einer aktiven *Zeit* gesprochen, sondern von einem aktiven *Leben*. Durch die Konjunktion *und* entspricht *der Rest unseres Berufslebens* dem *Großteil unseres aktiven Lebens*. D.h., in der gewählten Formulierung steht dem Berufsleben keine *passive Zeit* gegenüber, sondern das Berufsleben wird großenteils durch ein *aktives Leben* ausgefüllt, daneben aber auch durch ein *passives Leben*. So wird auch verständlich, warum von *Leben* statt von *Zeit* die Rede ist. Die Unterscheidung zwischen aktiver und passiver *Zeit* betrifft unterschiedliche Lebensphasen. Das aktive und passive Leben findet in derselben Lebensphase statt.

Für die Frage des Berufsbildes und des beruflichen Selbstverständnisses führen diese Interpretationen zu einem irritierenden Berufsmodell. Die Synchronie der Unterscheidung von aktiv und passiv würde es nahelegen, das aktive Leben in der Sphäre des Berufs zu lokalisieren. Stattdessen ist von einem Quantum aktiven Lebens die Rede, das zum Großteil *dort*, also in der Schule, verbracht wird. Die Schule okkupiert das (aktive) Leben; sie frisst es auf; sie verbraucht es. Die Berufswelt ist weder der Ort der Selbstverwirklichung, noch der Ort des notwendigen Gelderwerbs, sondern eine Lebenssphäre, die die Aktivitätsressource des Lebens aufsaugt.

Damit ist ein Berufsmodell zum Ausdruck gebracht, das subjektiv insofern anspruchsvoll ist, als es die ganze Person involviert. Dem Beruf ist der Großteil des *aktiven Lebens* gewidmet. Diese Involviertheit ist aber nicht positiv bestimmt. Es ist kein Leben, das sich am Beruf aufrichtet, sich in ihm realisiert. Es ist eine gleichsam inhaltsleere „Berufung", die die Welt der Arbeit kennzeichnet. Die Lebensbedeutsamkeit erscheint nicht als Erfüllung des Selbst, sondern als seine Belastung.

Auch in dieser Figur zeigt sich eine resignative Tönung. Weder liegt eine Abspaltung von Berufs- und Privatleben in der Logik von äußerer Pflicht und innerer Freiheit vor, noch gelingt eine positive Verbindung beider Sphären im Sinne einer beruflichen Selbstverwirklichung. Stattdessen zeigt sich das Selbst in den Beruf *verstrickt*. Das potentiell ambitionierte Berufsmotiv verkehrt sich in eine kraftraubende Involviertheit.

Werfen wir nun einen Blick auf die Begründung der Forderung einer praxisnahen universitären Ausbildung. Sie ist verblüffend. „*Weil* dem so ist, *können wir auch frühzeitig damit anfangen.*" Die Resignation, die die Berufswahl betrifft, schreibt sich in den Praxisanspruch des Studiums fort. Verblüffend ist diese Aussage deshalb, weil sie zwar einerseits ein klares Bekenntnis zur Praxisorientierung zum Ausdruck bringt, diese Praxisorientierung aber nicht im Sinne einer positiven Forderung an die universitäre Lehre gerichtet wird, sondern sich in der Logik des *Verzichts* artikuliert. Übertragen gesagt: „*Was brauchen wir ein Studium, wenn wir doch eh den Rest unseres Lebens in der Schule verbringen. Dann können wir doch auch gleich mit der Schule anfangen.*"

Implizit wird damit eine hohe Achtung und Anerkennung des Universitätsstudiums in Anschlag gebracht. In gewisser Weise ist es an dem Pol des Reichs der Freiheit angesiedelt. Da aber der *Rest* im Reich der Notwendigkeit sich abspielt, bleibt das Studium bloßes Intermezzo. Dann kann man auch gleich darauf verzichten.

Es ist hier also nicht nur eine Abkehr von einem eigenlogischen Universitätsstudium thematisch, sondern auch eine Wertschätzung und Hochachtung, die lebenspraktisch aber nicht zu dem Wunsch führt, daran zu partizipieren, sondern zu einer Haltung, kein Recht und keinen Anlass zu einer Beteiligung in Anspruch

nehmen zu wollen. Die Ablehnung des Studiums als eigenlogischer Ausbildungs-
sphäre beruht keineswegs auf deren Geringschätzung. Es ist vielmehr die *eigene
Geringschätzung* im Sinne der Resignation gegenüber der Möglichkeit der Selbst-
aneignung des Studiums und einer Studierendenrolle, die aus der hier vorliegenden
Praxisorientierung spricht.

So betrachtet korrespondieren die Probleme der Einnahme und Anerkennung
einer Studierendenrolle mit den Problemen der Berufsauffassung. Es liegt eine
sinnlogische Homologie zwischen universitärer und beruflicher Resignation vor.
Der Praxiswunsch richtet sich gegen die universitäre Selbstsituierung, ohne dabei
eine in irgendeinem Sinne befriedigende berufliche Selbstsituierung entgegenstellen zu können.

Frühzeitig damit anfangen (statt: *gleich damit anfangen*) verweist auf ein Motiv eines verantwortungsbewussten Umgangs mit einem Thema. Wer sich *frühzeitig* um etwas kümmert, hat später nicht das Nachsehen. Ganz im Duktus der
Sprecherin könnte man zum Beispiel reklamieren, sich *frühzeitig* um seine Alters-
versorgung gekümmert zu haben. Damit würde man eine Haltung beanspruchen,
die dem Problem des „rechten Zeitpunkts" durch ein „*lieber zu früh als zu spät*"
begegnet. Der Hinweis darauf, sich um etwas *frühzeitig* gekümmert zu haben, ist
eine Antwort auf die Misslichkeiten, die dadurch entstehen, dass sich jemand *zu
spät* gekümmert hat, also den rechten Zeitpunkt verpasst hat: „*A: Mist, es gibt gar
keine Karten mehr. Hast Du welche gekriegt?*" „*B: Ich habe mir frühzeitig welche
besorgt.*" Das *frühzeitig damit anfangen* stellt eine Vorkehrung gegenüber einer
die Pflichten vergessenden und insofern unbeschwerten Lebensführung dar.

Damit kann die obige Interpretation modifiziert und präzisiert werden: Das
Motiv der Praxisorientierung ist in ein Modell des „*lieber zu früh als zu spät*"
eingebettet. Damit geht die Möglichkeit einher, dass es im Studium *zu spät sein
könne*, sich der Praxis zuzuwenden. Das Verhältnis zwischen Studium und Praxisorientierung ist damit eigentümlich relationiert. Rein äußerlich kann es ja nie zu
spät sein, sich den praktischen Berufsaspekten zuzuwenden. Die Konstruktion der
Sprecherin lässt sich allenfalls durch ein berufssozialisatorisches Motiv plausi-
bilisieren: *Wer nicht frühzeitig damit anfängt, wird durch das praxisentlastete
Studium derart „verdorben", dass es zur Ausbildung einer berufspraktischen
Haltung zu spät ist.* In diesem Zusammenhang ist es wichtig, von „Haltungen" zu
sprechen. Denn für die Möglichkeit des Erwerbs einer berufspraktischen Kom-
petenz im Sinne einer praktischen Handlungsfähigkeit kann es ja nie „zu spät"[2]

---

2   Außer in den trivialen und seltenen Fällen, in denen der Kompetenzerwerb eine frühe
     Aneignung voraussetzt; wie bei professionellen Musikern oder Hochleistungssportlern.

sein. Was verloren gehen kann, sind die Bereitschaft und die innere Haltung, sich diese Fähigkeiten anzueignen bzw. aneignen zu wollen.

Im Studium geschieht also irgendetwas, das verantwortlich dafür ist, dass es nicht schaden kann, frühzeitig mit der Unterrichtspraxis anzufangen, weil die Gefahr droht, es könne irgendwann einmal zu spät sein.

Darin kommt wiederum eine ungewollte Wertschätzung des Universitätsstudiums zum Ausdruck. Wir können hier sogar von einer impliziten *Auratisierung* sprechen. Die geradezu verführerische und praxisbedrohliche (*zu spät anfangen*) Qualität, die dem Studium unterstellt wird, erinnert an den todbringenden Sirenengesang. Wer darum weiß, wenn er nicht gerade der listige Odysseus ist, sollte sich die Ohren verschließen, um ja nicht dem Gesang zu erliegen. Wer praxisvergessen studiert, dem kann es passieren, dass es zu spät ist, die Fähigkeiten zur praktischen Ausübung des Lehrerberufs zu erwerben.

Eigentlich ist also nicht die Frage des Umfangs und des Zeitpunkts schulpraktischer Studienanteile thematisch, sondern die Frage des *Sich-einlassens* auf ein praxisentlastetes Studium. Aus dem Text spricht die Sorge und Angst, sich auf das Studium als Studium einzulassen, um nicht den „Praxisabsprung" zu verpassen. Dieses Bild liegt quer zu dem Modell einer Differenz und Eigenlogik universitärer und praktischer Ausbildung. Es beruht auf einer *Unverträglichkeit* universitärer und praktischer Orientierungen. So erscheint das *frühzeitig damit anfangen* nicht als eine Variante des Studiums, nicht als eine bestimmte Art und Weise, das Studium zu gestalten, sondern als Negation des Studiums.

Dass die Ausführungen nicht damit enden, dass die Sprecherin sagt, *bevor es zu spät ist*, sondern mit dem Hinweis, *damit wir gut vorbereitet sind*, ist dem „Realitätsprinzip" geschuldet. Erst in der Konstruktion: *Wir sollten frühzeitig damit anfangen, damit wir gut vorbereitet sind*, findet sich eine rational nachvollziehbare, in sich stimmige Position. Die sinnstrukturellen Verwerfungen, auf die wir gestoßen sind, finden so einen versöhnlichen Abschluss im sicheren Hafen eines unbestreitbaren Prinzips.

Zusammenfassung

Während im vorliegenden Fall mit der Forderung nach einer möglichst frühen Hinwendung des Lehramtsstudiums zu Fragen der schulischen Praxis auf der manifesten Bedeutungsebene ein verbreitetes und in seiner Allgemeinheit geradezu akklamationspflichtiges Anliegen formuliert wird, sind die entscheidenden Motive und Modelle, die wir in der Äußerung der Sprecherin rekonstruiert haben, auf der latenten Sinnebene des Textes angesiedelt. Weder sagt die Sprecherin explizit, sie traue sich ein Universitätsstudium nicht zu, noch vertritt sie den Standpunkt, ein Studium sei kontraproduktiv für den Lehrerberuf. Die latenten Unterstellungen, die die Rede der Sprecherin in Anspruch nehmen muss, liegen eher auf der Ebene einer weitgehend unbewussten und diffusen inneren Vorstellungswelt als auf der Ebene eines klar formulierten Standpunktes, der gute Gründe und natürlich auch Wertentscheidungen geltend macht. Wir haben es im vorliegenden Fall also weder mit rationalen Urteilen noch mit expliziten Wertstandpunkten zu tun.

Damit bewegen wir uns jedoch grundlegend außerhalb der Sphäre rational und diskursiv verhandelbarer Sichtweisen. Das Problem, vor das das Praxisplädoyer im vorliegenden Fall die universitäre Lehrerbildung stellt, indem es weder durch Argumente noch durch Überzeugungen getragen, sondern durch eine diffuse und insofern irrationale Distanz zu Universität und Studium gekennzeichnet ist, besteht also darin, dass es im Rahmen einer rationalen Lehrkonzeption keine positive Berücksichtigung finden kann.

Es erscheint uns für die universitäre Lehrerbildung dennoch wichtig zu sein, eine solche Motivlage als Grundlage eines Praxiswunsches ernst zu nehmen. Insofern das hier rekonstruierte Motiv kein Einzelfall ist, muss die Lehre eben damit rechnen, regelmäßig mit diffusen Motiven der inneren Distanz zum Studium konfrontiert zu werden. Sie muss sich dabei bewusst sein, diese Motive in der Lehre nicht „befriedigen" zu können. Denn der Versuch, ihnen nachzukommen, hieße, ein diffuses Unbehagen an Universität und Studium im Gehäuse von Universität und Studium bearbeiten zu wollen. Das kann nicht gelingen.

… ich sage immer gerne zu Leuten und kannst du damit jetzt zum Mond fliegen halt also ist das was du da raus ziehst hat das auch praktischen Bezug zu irgendwas was du später brauchst …

Fallvignette

Der Praxiswunsch des folgenden Falls[3] fällt in die allgemeine Kategorie einer stärkeren berufspraktischen Orientierung des Lehramtsstudiums. In Form einer polemischen rhetorischen Frage bringt der Studierende zum Ausdruck, dass die Inhalte des Lehramtsstudiums in seinen Augen berufspraktisch offenkundig weit jenseits einer unterrichtspraktischen Verwertbarkeit lägen.

Die entscheidende Dimension des Falles besteht jedoch darin, dass der Sprecher eine Position weit außerhalb von Studium und Universität einnimmt. Der Studierende spricht als „alter Hase", dem die universitäre Ausbildung von vornherein egal ist. Sein vermeintliches Plädoyer für eine stärkere berufspraktische Orientierung im Studium erweist sich bei näherer Betrachtung als leer: Es steht nicht im Dienste einer Vorstellung eines „besser" auf das Berufsleben vorbereitenden Studiums, sondern es negiert grundsätzlich die Möglichkeit einer Bedeutsamkeit der universitären Lehre für die Lehrerausbildung.

---

3   Studierender; FüBA/lehramtsbezogen; Mathematik/Chemie

Fallrekonstruktion

Hier kommt ein Praxisanspruch an das Studium zum Ausdruck, der sich in einer skeptischen Frage artikuliert, die in eine rhetorische Figur gekleidet ist: *kannst du damit jetzt zum Mond fliegen*? Bevor wir auf das inhaltliche Motiv dieses Praxisanspruchs eingehen, wollen wir die Einleitung des Sprechaktes genauer betrachten:

> *… ich sage immer gerne zu Leuten*

Sowohl die Aussage, *immer* etwas zu tun, als auch die Ausage, *gerne* etwas zu tun, verweisen in typologisch unterschiedlichen Varianten auf die Regelmäßigkeit bestimmter Handlungen: *Ich arbeite immer abends, ich frühstücke immer ausgiebig, ich lese gerne Krimis, ich mache gerne Kreuzworträtsel.* Mit solchen und ähnliche Sprechakten geben Sprecher Auskunft über Gewohnheiten. Der wesentliche Unterschied zwischen den beiden Sprechakten besteht darin, dass der Sprechakt, etwas *gerne* zu tun, stärker auf *liebgewonnene* Gewohnheiten verweist als der Sprechakt, etwas *immer* zu tun. Gemeinsam ist beiden Sprechakten jedoch, dass sie in der Regel in eine Konversation eingebettet sind, in der wechselseitig solche Gewohnheiten offengelegt werden, in der also ein Austausch über Präferenzen und Lebensstile stattfindet: *Abends kann ich nicht mehr arbeiten, ich esse kaum etwas zum Frühstück, ich lese lieber historische Romane, ich kann mit Kreuzworträtseln gar nichts anfangen.*

Das verhält sich bei dem vorliegenden Sprechakt, bei dem die Gewohnheit in einem *Sagen* besteht, anders. Er ist nicht Bestandteil einer wechselseitigen Rede, sondern einer einseitigen Rede. Wenn ein Sprecher A zu B sagt: *Ich sage immer gerne, es wird schon gut gehen* kann B nicht antworten: *Und ich sage immer gerne, es wird schon schlecht gehen.* Man sieht an diesem Gedankenexperiment, dass sich der Sprecher mit der Formulierung *ich sage immer gerne* aus dem Gesprächskreis heraushebt. Sein Wort hat Gewicht, so die Prätention der Rede.

Es handelt sich dabei um eine unscheinbare Markierung von Herausgehobenheit. Gerade der Sprechakt *Ich sage immer* stellt in gewisser Weise eine profane Variante der prophetischen Rede: *Ich aber sage Euch* dar. Stellen wir den Interviewkontext in Rechnung, wäre diese Formulierung in einem Prominenteninterview zu erwarten. Denn hier gehört die Herausgehobenheit des Interviewten konstitutiv zur Pragmatik der Interaktionssituation. Umgekehrt wäre die Formulierung im Rahmen eines reinen Experteninterviews (also ohne dass der Experte zugleich eine prominent-herausgehobene Stellung innehat) *nicht* zu erwarten. Das liegt auch daran, dass mit *ich sage immer gerne* nicht die Artikulation eines rational nachvollziehbaren Sachverhalts angekündigt ist, es also nicht um die *Richtigkeit* einer Behauptung geht, sondern um die „*Weisheit*" einer Weltsicht, die eben nicht zum Gegenstand einer richtig/falsch-Bewertung werden kann.

Das ist insofern bemerkenswert, als wir darauf aufmerksam gemacht werden, dass es in der so angekündigten Rede eigentlich um eine „Gestimmtheit" geht. So wie der „Spruch des Tages", der in U-Bahnhöfen und Zeitungen verkündet wird, weder Sachverhalte noch Einsichten enthält, sondern eine Haltung zur Welt anzeigt, die der Rezipient mehr oder weniger stimmungsvoll goutieren kann, so kündigt das *ich sage immer gerne* eine Sicht der Dinge an, die eine Lebensgestimmtheit zum Ausdruck bringt und sie den Zuhörern anträgt: *Ich sage immer gerne, Geld macht nicht glücklich.* Die Herausgehobenheit des Sprechakts beruht also nicht auf einer irgendwie sachlich qualifizierten Einsicht oder Erkenntnis, auch nicht auf einer „ethischen Prophetie", sondern auf einer gleichsam paternalistischen Autorität, die zur Kundgabe von Lebensweisheiten berechtigt ist. Diese Autorität beruft sich nicht auf den Inhalt des Gesagten – dieser ist trivial –, sondern auf eine Beziehungsqualität, die den Sprecher gegenüber den Zuhörern berechtigt, die mahnende, ratschlagende, tröstliche oder Zuspruch erteilende Stimme zu erheben.

Stellen wir in Rechnung, dass die interpretierte Äußerung aus dem Munde eines Lehramtsstudierenden zur Frage der Praxisbedeutsamkeit des Studiums stammt, ist auffällig, dass er nicht in der Perspektive eines „Betroffenen" spricht, sondern aus der Position einer herausgehobenen Zuständigkeit für diese Frage; wobei sich die Herausgehobenheit auf eine Statusprätention stützt. Der Sprecher reklamiert eine paternalistische Autorität, die im gegebenen Interviewkontext überraschend ist. Er transzendiert damit die Studierendenrolle und spricht aus der Perspektive eines über den Dingen (der universitären Ausbildung) stehenden, nicht involvierten aber erfahrenen Dritten. Das heißt, dass sich die Frage der Praxisbedeutsamkeit des Studiums in Form einer Sorge, ob wohl die universitäre Ausbildung den eigenen Erwartungen genüge, gar nicht stellt. Der Sprecher hat sich schon in eine Position begeben, die die Ansprüche des Studiums aus einer rückblickenden Perspektive kommentiert. Er begibt sich in eine die Kommilitonen beratende Rolle. Eigentlich spricht er schon aus der Perspektive eines Seminarleiters oder Betreuungslehrers der Zweiten Phase der Ausbildung.

Schon alleine die Formulierung *ich sage immer gerne* verweist im vorliegenden Kontext auf eine Haltung, die schon jenseits einer studentischen Selbstverortung angesiedelt ist. Im eigentlichen Sinne kann hier nicht von einem universitären Beheimatungs*problem* gesprochen werden. Vielmehr liegt der Fall einer Beheimatungs*verweigerung* vor. Innerlich schon längst in der Rolle eines erfahrenen Lehrers, ist das Studium eine lästige, äußerliche Pflicht. So könnte etwa ein erfahrener und erfolgreicher Leiter einer Fußballmannschaft sprechen, der nun, um offiziell die Rolle eines Trainers einnehmen zu können, einen entsprechenden Lehrgang lediglich pro forma absolviert.

Dass er dabei *zu Leuten* spricht, bedarf kaum einer weiteren Interpretation. Diese Rede unterstreicht seine Überlegenheit gegenüber den Kommilitonen.

> *... ich sage immer gerne zu Leuten* **und kannst du damit jetzt zum Mond fliegen halt**

Was er *zu Leuten sagt*, ist eigentlich eine Frage: „*Kannst du damit jetzt zum Mond fliegen halt* ...?". Es handelt sich dabei offensichtlich um eine rhetorische Frage. Sie kann gar nicht bejaht werden. Sie hat damit gegenüber der universitären Ausbildung einen desillusionierenden Charakter. Es geht ihr nicht um die Vision einer Ausbildungspraxis, *mit der man zum Mond fliegen kann*; es geht ihr um ein abwertendes Pauschalurteil gegenüber der universitären Ausbildung. So wie in der kolportierten Standardbegrüßung im Studienseminar, „vergessen Sie alles, was Sie an der Uni gelernt haben", geht es nicht um eine Veränderung der universitären Ausbildung oder um ein differenziertes Urteil ihrer mehr oder weniger praxisbedeutsamen Anteile, es geht pauschal um *Abwertung*. Als wäre die Institution Universität von vornherein „nicht satisfaktionsfähig" gegenüber den Belangen des Lehrerberufs. So könnte ein Feldwebel in Bezug zur politischen Bildung sprechen: „Kannst du damit einen Krieg gewinnen?" Die rhetorische Frage stellt eigentlich also einen *verächtlichen Kommentar gegenüber universitären Ausbildungsansprüchen* dar.

Dass der Sprecher dabei ein Bild bemüht, das auf eine außeralltägliche Leistung verweist, unterstützt zwar auf der expliziten Ebene die rhetorische Figur (die Frage ist unmöglich zu bejahen), verweist aber andererseits auf eine gewisse Unsicherheit. Die Anspielung auf den Mondflug hängt die Messlatte ziemlich hoch. Sie stellt die Frage, ob mit der universitären Ausbildung Außerordentliches möglich sei. Damit wird die Praxisbedeutsamkeit des Studiums in eigentümlicher Weise mit überhöhten Vorstellungen konfrontiert. Andererseits wird damit das Gelingen der beruflichen Praxis selbst gewaltig überhöht. Hier liegt nicht die Forderung vor, die Universität möge aus ihrem Elfenbeinturm herabsteigen und sich den Niederungen der alltäglichen Berufspraxis zuwenden. Das Bild des Mondflugs reklamiert vielmehr eine außeralltägliche Berufspraxis, an die die schnöde universitäre Ausbildung eh nicht heranreicht und auch gar nicht heranreichen kann. Die Kritik der praxisfernen Ausbildung beruht also auf einem außeralltäglichen, charismatischen Berufsbild. Es ist nicht die Figur der Kritik einer „abgehobenen" Ausbildung gegenüber einer „bodenständigen" Berufspraxis, auf die wir hier stoßen; es ist die Idee einer charismatisierten Berufspraxis, an der die Idee der Ausbildung überhaupt abprallt. Zu dem Außerordentlichen der Berufspraxis kann die universitäre Ausbildung, wie jede andere Ausbildung, nichts beitragen.

Gleichzeitig bemüht der Sprecher ein Bild, das genuin in der Sphäre der Technik angesiedelt ist. Damit findet eine Relativierung der Außeralltäglichkeit statt. Der Mondflug steht symbolisch für eine Praxis, deren Realisierung ein hohes Maß an wissenschaftlicher Expertise voraussetzt. Ähnlich der Kernspaltung und der mit ihr einhergehenden technischen Anwendungsmöglichkeiten steht der Mondflug dabei für einen engen Konnex zwischen wissenschaftlicher und ingenieurialer Expertise. Die wissenschaftlichen Erkenntnisse sind unmittelbar relevant für die technischen Abläufe und Problemlösungen.

Damit geht eine eigentümliche Umdefinition des charismatischen Moments der Außeralltäglichkeit einher. Der Flug zum Mond setzt eine Situation voraus, in der im Rahmen einer objektiv gegebenen Möglichkeit eine außerordentliche Forschungs- und Entwicklungsanstrengung erfolgt. Die Frage der Realisierung ist dann eine Frage des Einsatzes von Ressourcen. Die Außeralltäglichkeit dieser Praxis besteht darin, dass im Rahmen eines Möglichkeitshorizonts außerordentliche Anstrengungen zu einer Zielerreichung unternommen werden. Damit ist eine Situation charakterisiert, die *keinen* Platz für ein persönliches Charisma bietet. So bedeutsam die Einzelleistungen sein mögen; sie stellen nur einen Baustein im Gesamtvorhaben dar.

Die Frage, *kannst du damit jetzt zum Mond fliegen* ist also insofern unsinnig, als es gar keine einfache Habe von etwas gibt, mit der dieser Flug realisiert werden könnte. Es ist nicht möglich, sich etwas anzueignen oder etwas zu erwerben, das es erlaubt, *zum Mond zu fliegen.*

Die Detailbetrachtung des sprachlichen Bildes bestätigt die schon in der Floskel *ich sage immer gerne* rekonstruierte grundlegende Implikation der Negation jeglichen Ausbildungs- oder Aneignungsanspruchs. Das Bild liefert im Kontext der Lehrerbildung kein positives Modell; es unterstreicht vielmehr die Unzulänglichkeit der (universitären) Ausbildung. Wir hatten ja oben schon an die gedankliche Figur des Feldwebels angeschlossen. Nun können wir sagen, hier spricht der Haudegen als „Schulmann", der implizit die Dignität der berufspraktischen Bewährung mobilisiert und sich rationalen Begründungen und Motiven entzieht.

*... ich sage immer gerne zu Leuten und kannst du damit zum Mond fliegen halt **also ist das was du da raus ziehst***

Sprachlich erfolgt eine deutliche Zurücknahme des wuchtigen Bildes vom Mondflug. Nun sind wir in der Sphäre eines *praktischen Bezugs* in Sinne einer *Brauch-
barkeit* für den Berufsalltag. Bevor wir auf diese Formulierung genauer eingehen,
sei nur angemerkt, dass sich darin die Selbstpositionierung des Sprechers jenseits
der universitären Ausbildung reproduziert. Hier spricht abermals der „alte Hase",
nicht der Student.

Die Rede beginnt mit der Formulierung: *also ist das was du da raus ziehst.*
Damit ist ein subjektiver Aneignungsprozess thematisiert. Es ist der Studierende,
der in der Pflicht steht. Es geht jedenfalls nicht darum, Inhalte des Studiums entsprechend zu befragen. Es geht darum, welches Kondensat der Studierende aus
seinem Studium gewinnt. Darin ist einerseits eine inhaltliche Zurücknahme der
Unterstellung, jedwede Ausbildung sei eine ungenügende, vorgenommen. Denn
immerhin wird ja die Möglichkeit, etwas *Brauchbares rauszuziehen*, eingeräumt.
Andererseits ist damit das universitäre Lehrangebot als solches entwertet. Denn
das *Rausziehen* vollzieht sich *abseits* der Lehre. Wenn etwa in einem Seminar
das Modell der Funktionen der Schule im Sinne eines heimlichen Lehrplans vorgestellt und diskutiert wird, kann man nicht sagen: „Ich habe da *rausgezogen*, dass
es sinnvoll ist, die Schule als gesellschaftliche Sozialisationsinstanz zu betrachten." Wenn in einem Seminar das Thema „Adoleszenzkrise" behandelt wird, kann
man nicht sagen: „Ich habe da *rausgezogen*, dass Schüler der Sekundarstufe sich
in einer problematischen Lebenssituation befinden." Das, was *du da raus ziehst*, ist
gleichsam ein Abfallprodukt der universitären Lehre.

Nach einer sprachlichen Korrektur (*hat* statt *ist*) findet sich der Verweis auf das entscheidende Ausbildungskriterium: *hat das auch praktischen Bezug zu irgendwas
was du später brauchst (?).* Damit wählt der Sprecher nun eine minimalistische
Artikulation eines Praxisanspruchs der Ausbildung. Was hätte nicht *praktischen
Bezug zu irgendwas …?* So wie die vorangegangene rhetorische Frage (Mondflug)
gar nicht zu bejahen war, so ist die Neuumschreibung dieser Frage gar nicht zu
verneinen. Es lässt sich gar keine universitäre Veranstaltung vorstellen, von der
man sagen könnte, es ließe sich aus ihr nicht ein *praktischer Bezug zu irgendwas
was du später brauchst herausziehen*. Dem vormals formulierten hohen Anspruch
(Mondlandung) wird nun ein ausgesprochen niedriger Anspruch zur Seite gestellt.
Wie geht das zusammen?

Beide inhaltlich widersprüchlichen Varianten verweisen auf ein *Desinteresse*
an einer systematisch rationalen Ausbildung überhaupt und der universitären im
Besonderen. Eine klare Orientierung an einer bestimmten Form einer praxisrele-
vanten Ausbildung liegt nicht vor. Einfach gesprochen: Würde man den Studierenden fragen, wie die universitäre Ausbildung zu gestalten sei, um seinen Vorstellun-

gen zu entsprechen, würde die Antwort lauten: „Macht doch was ihr wollt; das ist mir eh egal." Dieses Desinteresse ist aber nicht gespeist von einer grundsätzlichen Passivität bezüglich des Lehrerberufs und der Ausbildung dahin. Das Desinteresse geht vielmehr mit einer Haltung des altgedienten Schulmannes einher. Hier spricht nicht die naive Begeisterung des Novizen; hier spricht der abgeklärte Pädagoge, an dessen Berufserfahrung (die realiter nicht vorliegt!) der Ausbildungsanspruch einfach abprallt.

Aus der Perspektive der Dignität der Praxis könnte natürlich auch ein gelassenes Lob einer intellektuell anspruchsvollen universitären Ausbildung folgen. Aber auch hier, wie in den meisten anderen Fällen dieses Bandes, versteht sich der „praktische" Anspruch in Konkurrenz zum „theoretischen". In besonderer Weise liegt hier aber eine Haltung vor, die den universitären Ausbildungsanspruch grundsätzlich als „nicht satisfaktionsfähig" ansieht.

Zusammenfassung

Für die universitäre Lehrerbildung repräsentiert der vorliegende Fall eine besonders unbequeme Haltung. Denn wenngleich der Studierende sich in seiner polemischen Frage eindeutig für ein stärker praxisorientiertes Lehramtsstudium auszusprechen scheint, kann doch eigentlich nicht von einem authentischen Plädoyer für einen stärkeren Praxisbezug im Studium gesprochen werden. So beruht seine entwertende Ignoranz gegenüber dem universitären Teil der Lehrerausbildung nicht auf einer sachlichen Begründung, sondern sie ist vor allem Ausdruck der identitären Selbstzuschreibung, ein erfahrener Praktiker zu sein. Das bedeutet jedoch, dass sich überhaupt keine, wie auch immer geartete praxisorientierte universitäre Lehre denken lässt, die die Kritik des Studierenden zum Verstummen bringen könnte: Ob mehr oder weniger Fachdidaktik sinnvoll sei, die Fächer gegenüber der Bildungswissenschaft mit geringeren Studienanteilen versehen werden sollten; oder ob die Fächer sich stärker am Schulischen denn am Universitären orientieren sollten; das alles sind konkrete Fragen, deren je unterschiedliche Beantwortung an der Haltung des Sprechers nichts ändern könnte. Denn insofern es zu seinem Identitätsentwurf gehört, dass die universitäre Ausbildung grundsätzlich unbedeutend für einen gestandenen Praktiker sei, kann es ihm *keine* universitäre Lehre recht machen.

Darüber hinaus ist es kaum denkbar, den Studierenden für seine Überheblichkeit gegenüber der Universität zu kritisieren. Davor schützt ihn die Akklamationspflichtigkeit seines auf der manifesten Bedeutungsebene seiner Äußerung liegenden Bekenntnisses, dass er sich eine stärkere berufspraktische Orientierung des

Lehramtsstudiums wünsche. Auf Grund dieses Partizipierens an der „Imagerie des Praxiswunsches" bleibt der universitären Lehre nichts anderes übrig, als diesen Studierendentypus als Dauernörgler zu akzeptieren.

I: *Wie sollte denn so ne ideale Praxisorientierung im Studium Ihrer Meinung nach aussehen?*

S: *Ähm (schnalzt) vielleicht so wie in Hildesheim (Tonmelodie ab) also beispielsweise dass man (.) ähm vielleicht im ersten oder zweiten Semester regelmäßig in die Schule schon geschickt wird (.) dass man da irgendwelche (.) (räuspert sich) vielleicht Projekte machen soll oder hin und wieder mal ne Stunde übernehmen soll ...*

Fallvignette

Im Zentrum dieses Falls[4] steht die Antwort einer Lehramtsstudierenden auf die Frage nach der in ihren Augen „idealen Praxisorientierung" im Lehramtsstudium. Diese sieht die Interviewee an der in unmittelbarer Nähe zu ihrem Studienort, Hannover, gelegenen Universität Hildesheim bereits verwirklicht: Dort sehe das Lehramtsstudium zu einem sehr frühen Zeitpunkt eine regelmäßige, semesterbegleitende Anwesenheit von Lehramtsstudierenden an Schulen vor.

Dieser Verweis ist interessanterweise jedoch gar kein Ausdruck einer Zugwandtheit zur Schule, eines inneren Bedürfnisses, möglichst schnell die Berufspraxis des Lehrerberufs kennenzulernen, sondern er erweist sich bei näherer Betrachtung als „bloß so dahingesagt": Ihrem vermeintlichen Plädoyer für ein Modell einer frühen und regelmäßigen Konfrontation mit der schulischen Praxis liegt in Wirklichkeit gar keine substanzielle Vorstellung davon zu Grunde, wie ein „praxisnäheres" Lehramtsstudium aussehen könnte.

Dies hindert sie jedoch nicht daran, sich die Parole „Mehr Praxis" wie selbstverständlich zu eigen zu machen.

---

4   Studierende; FüBA/lehramtsbezogen; Englisch/Geschichte; 5. Semester

Fallrekonstruktion

Im Verlauf des Interviews, aus dem die vorliegende Sequenz stammt, hat die Studierende hinsichtlich der Theorie-Praxis-Thematik über Veranstaltungen aus anderen Disziplinen berichtet und betont, dass die Praxisphase des Referendariats nach Abschluss des universitären Studiums aus ihrer Sicht zu spät sei. Dieses Argument entfaltet sie u.a. in Hinblick auf andere Lehramtsstudierende, die ihres Erachtens charakterlich nicht für den Lehrerberuf geeignet seien. Die Hauptfunktion einer frühen Praxisanbindung sieht sie entsprechend auch in Bezug auf die mögliche Korrektur der getroffenen Berufswahlentscheidung: Wenn man im Referendariat merkt, dass man gar nicht unterrichten kann oder möchte, so habe man viele Jahre seines Lebens vergeudet. Ein Maschinenbaustudent, so ein von ihr bemühtes Gegenmodell, absolviere hingegen erstens schon früh Praktika und lande zweitens häufig gar nicht in einer „Maschinenbaufirma".

Daran anschließend bittet der Interviewer sie, ihre Vorstellung einer *idealen* Praxisorientierung im Studium zu skizzieren. Hier finden wir (ähnlich wie im Fall VII in diesem Band) eine explizit von Realitätsansprüchen entlastete Explikationsaufforderung, die – gerade auf Grund der gewährten Gestaltungsoffenheit – einen Bewährungsdruck für die Studierende entbindet, ihre persönliche Vorstellung eines „praxisnahen" Studiums zu entfalten. Denn nachdem sie sich zuvor kritisch zur Praxisorientierung in ihrem Studium geäußert hat, sollte sie doch in der Lage sein, das Positivmodell nachzuliefern, auf dem ihre Kritik aufruht. Die Frage *Wie sollte denn so ne ideale Praxisorientierung im Studium Ihrer Meinung nach aussehen?* fordert sozusagen ausdrücklich, der bisher geäußerten Kritik an ihrem Studienstandort etwas Gehaltvolles entgegenzusetzen, wobei der Strukturlogik des Normalmodells universitärer Lehrerbildung nicht entsprochen werden muss.

Unterhalb dieser manifesten Bedeutungsebene der Frage offenbart sich bei näherer Betrachtung jedoch eine weitere interessante Bedeutungsebene, nämlich eine latente Unterstellung des Interviewers, dass die Studierende vermutlich einem un(ein)lösbaren Praxiswunsch Ausdruck verleihen werde, der in erster Linie einen bestimmten pädagogischen Jargon bediene. Diese Unterstellung offenbart sich in der Formulierung *so ne* ideale Praxisorientierung, mit der der Interviewer grundlegend auf Distanz zu den verschiedenen Formen von Praxisorientierungen von Studierenden geht. Er stellt sich mit seiner Frage implizit auf den Standpunkt, dass die Universität schlicht kein angemessener Ort sei, um sich an der schulischen Praxis zu orientieren. Hinter der vorgeblichen Höflichkeit, die Studierende frei elaborieren zu lassen, wie *ihrer Meinung nach* eine ideale Praxisorientierung aussehen sollte, steht eine Voreingenommenheit des Interviewers, die Meinung der Studierenden werde sich in die lange Reihe der vielfältigen inkonsistenten Meinungen von Studierenden zum Praxiswunsch stellen. Damit wird der Bewährungs-druck auf die Studierende zusätzlich zu dem Inhalt der Frage noch einmal deutlich erhöht. Wie reagiert diese auf diesen Druck?

Die Studierende leitet ein mit *ähm* gefolgt von einem Schnalzen. Kontexte, in denen dieser Laut wohlgeformt geäußert werden kann, reklamieren in herausgehobener Form Bedeutsamkeit. *Ähm (schnalzt), hätte man wissen können* markiert dem Gegenüber, dass es unreflektiert gehandelt habe und man es selbst besser gewusst und dementsprechend anders gehandelt hätte. *Ähm (schnalzt), habe ich Dir doch gesagt* verweist explizit darauf, dass der Gesprächspartner entgegen eines Ratschlags des Sprechers gehandelt hat, was nun entsprechend quittiert wurde. Die Studierende im vorliegenden Fall nimmt in Anspruch, nicht nur einen gehaltvollen Beitrag leisten zu können, sondern in Sachen Praxisorientierung auch eine kompetente Ansprechpartnerin zu sein.

Der darauffolgende Sprechakt *vielleicht so wie in Hildesheim* ist dagegen deutlich defensiver. Er erscheint wohlgeformt vor allem in Kontexten, in denen auf eine Frage eine „vorschlagshafte" Antwort gegeben wird. Dabei ist der konkret genannte Vorschlag *vielleicht so wie in x* austauschbar. Es kann, muss aber nicht unbedingt so sein wie in x.

Übertragen bedeutet dies: Vielleicht findet man eine „ideale Praxisorientierung" in Hildesheim, vielleicht aber auch nicht. Hildesheim wird hier also nicht als einzigartiges Studienmodell vorgestellt. Vielmehr geht es darum, dass Hildesheim beispielhaft für etwas herangezogen werden soll, was die Studierende positiv hervorzuheben versucht. Anders als der feststellende, bekennende Sprechakt *so wie in Hildesheim*, verweist sie durch das vorangestellte *vielleicht* unverbindlich auf das Studienmodell Hildesheims, von dem sie nicht mit Gewissheit beanspruchen möchte, dass es ihr Praxisideal tatsächlich repräsentiert.

In diesem Zusammenhang ist bedeutsam, dass Hildesheim die von Hannover aus gesehen, wo die Studierende studiert, nächstgelegene Universitätsstadt ist. Darin kommt ein gewisser Provinzialismus zum Ausdruck: So landet sie bei Ihrer Suchbewegung nach einer „idealen Praxisorientierung" gedanklich nicht etwa in „Finnland" – ein von Lehramtsstudierenden gern genannter Sehnsuchtsort – oder an einem irgendwie anderweitig herausgehobenen Universitätsstandort, sondern im universitären Nachbarort. Allein diese Tatsache zeigt schon, dass man im Folgenden kaum eine Entfaltung eines substanziellen Praxiswunsches oder die Einnahme einer starken Position zum Thema „Praxisbezug in der Lehrerbildung" erwarten darf, sondern nur das „Naheliegendste", was der Studierenden eben gerade einfällt.

Der anschließende Sprechakt *also beispielsweise dass man (.) ähm vielleicht im ersten oder zweiten Semester regelmäßig in die Schule schon geschickt wird (.)* knüpft nahtlos an diese schwache Positionierung der Studierenden an.

Verdeutlichen wir uns ihre Ausführungen zunächst auf der inhaltlichen Ebene: Die Studierende stellt den Besuch konkreter Einzelschulen für Lehramtsstudierende bereits ab einem frühen Zeitpunkt im Studium als etwas für sie Wünschenswertes vor. Damit kann sie nicht das etablierte Modell regelmäßig zu absolvierender Praktika meinen – denn dieses Modell findet sie an ihrer Universität vor –, sondern es geht ihr offenkundig um eine semesterbegleitende Anwesenheit in der Schule von Beginn des Studiums an.

Ein solches Modell zeichnet sich vor allem dadurch aus, dass Lehramtsstudierende zu keinem Zeitpunkt wirklich Abstand zur Schule gewinnen müssen. Sie können vielmehr von Anfang des Studiums an, äußerlich wie innerlich, „Kontakt zur Schule halten", und müssen sich so nicht der vollen Wucht der Herausforderung stellen, sich in der fremden Welt der Universität beheimaten zu müssen.

Allein darin reproduziert sich schon das bereits konstatierte Motiv der Provinzialität: Nach der Schule wählt die Studierende mit dem Lehramtsstudium ein Studium, das es ihr erlaubt, möglichst nah an der vertrauten Lebenswelt der Schule zu bleiben. Und nach der idealen Praxisorientierung im Lehramtsstudium gefragt, fällt ihr als Ideal das Modell der nächstgelegenen Universitätsstadt ein, weil dieses den Lehramtsstudierenden eine besonders enge Anbindung an die Schule verspricht. Nichts spricht also dafür, dass wir es im vorliegenden Fall mit einer besonders ambitionierten Studierenden zu tun haben, die sich mit ihrem Studium identifiziert und sich intensiv und kritisch mit den Bedingungen ihres Studiums auseinandersetzt.

Diese Annahme wird auch durch die sprachliche Realisierung ihres Versuchs bestätigt, genauer zu bestimmen, worin ihr Praxisbezugsideal besteht: *also beispielsweise dass man ähm vielleicht.* Bemerkenswert ist daran zunächst, dass sie nicht expliziert, was denn nun das Besondere des Hildesheimer Studienmodells ist. Ein wohlgeformter Anschluss wäre eigentlich eine Konkretisierung gewesen, wofür dieses für sie steht: *Vielleicht so wie in Hildesheim. Dort sind Lehramtsstudierende vom ersten Semester an einem Tag in der Woche in der Schule.* Mit einer solchen Aussage hätte sie verbindlich bekundet, wie sie sich ein Lehramtsstudium in Anlehnung an das Modell Hildesheims idealerweise vorstellen würde. Stattdessen verweist sie innerhalb des bloß beispielhaft genannten Hildesheims auf einen Aspekt der dortigen Lehrbildung, den sie ebenfalls nur beispielhaft anspricht.

Der folgende Sprechakt, dass man *im ersten oder zweiten Semester regelmäßig in die Schule schon* **geschickt** *wird (.)*, bringt nun besonders deutlich ihre passive

Grundhaltung gegenüber ihrem Studium zum Ausdruck, indem sie der Universität mit diesem die Aufgabe zuweist, sie *in die Schule zu schicken*. Das Wünschenswerte am Hildesheimer Modell besteht also nicht etwa darin, dass Studierende schon früh in die Schule *dürfen* oder *können*, sondern dass sie zu einem möglichst frühen Zeitpunkt von außen dazu angehalten werden, einen Teil ihrer Studienzeit an einer Schule zu verbringen.

Darin kommt ein ziemlich grundsätzliches Autonomiedefizit zum Ausdruck. Denn eigentlich können nur Eltern ihre Kinder *in die Schule schicken*, und zwar deshalb, weil Kinder eben noch nicht dazu in der Lage sind, autonom vernünftige Entscheidungen zu treffen. Entsprechend müssen Eltern gelegentlich stellvertretend für ihre Kinder Entscheidungen treffen, um deren Autonomiedefizit zu kompensieren.

Eben aus diesem Grund können Personen wohlgeformt im biografischen Rückblick davon berichten, dass sie von ihren Eltern beispielsweise *schon früh zur musikalischen Früherziehung geschickt wurden*. Darin liegt nicht zwingend ein Vorwurf an die Eltern, sondern es könnte sich dabei genauso gut um den Beginn einer berufsbiografischen Erzählung eines Musikers handeln.

Mit zunehmendem Alter bzw. zunehmender Autonomie werden jedoch vergleichbare Sprechakte immer unmöglicher. Der Sprechakt *Meine Eltern haben mich auf die Uni geschickt* wirkt beispielsweise grotesk, weil er sinnstrukturell auf die Figur eines „erwachsenen Kindes" verweist.

Natürlich ist die Forderung, die Universität möge Lehramtsstudierende schon im ersten oder zweiten Semester in die Schule schicken, sprachlich nicht ganz so grotesk. Doch ist auch ihr objektiv dasselbe Moment an Selbstinfantilisierung eingeschrieben.

Was in der vorliegenden Sequenz von der Studierenden also intentional als Wunsch nach einer früheren Praxisanbindung präsentiert wird, erweist sich damit immer mehr als Ausdruck eines grundlegenden Autonomieproblems.

Der nun folgende Vorschlag, *dass man da irgendwelche (.) (räuspert sich) vielleicht Projekte machen soll,* führt aus, wie die frühen studienbegleitenden praktischen Erfahrungen in der Schule inhaltlich ausgestaltet sein könnten. Schauen wir uns den Sprechakt zunächst ohne das eingeschobene *vielleicht* an.

Der Satz *dass man da irgendwelche Projekte machen soll* gleicht einer Beschwerde, vorgetragen von jemandem, der in entfremdeter Arbeit von Anderen geplante Projekte durchführen soll. Die Formulierung *irgendwelche* Projekte verweist in diesem Zusammenhang auf eine innere Distanz zu dem, was einem aufgetragen wurde. Eine entsprechend vorgetragene Kritik markiert also überdeutlich, dass die Sinnhaftigkeit des Aufgetragenen subjektiv nicht geteilt wird.

Die Studierende im vorliegenden Fall möchte sich jedoch gar nicht beschweren – es geht hier ja eigentlich um ihren Praxis*wunsch*!

Dem könnte natürlich entgegnet werden, dass das vorangestellte *vielleicht* der Äußerung eher den Charakter eines Vorschlags als einer Beschwerde verleihe. Doch bleibt auch in diesem Vorschlag die in der Kritikvariante so überdeutliche Distanzierung von *irgendwelchen Projekten*, die man *da* machen solle, erhalten. Es ist schlicht ein widersprüchlicher Vorschlag, den die Studierende hier in Bezug auf die Frage, wie die schulpraktischen Tätigkeitsbereiche während des Studiums idealerweise gestaltet sein sollten, formuliert. Sie schlägt etwas vor, zu dem sie innerlich in Wirklichkeit eine große Distanz empfindet.

Darüber hinaus fällt auf, was die Studierende *nicht* gesagt hat. So fordert sie weder, dass man in der Schule *Projekte machen kann* noch dass man *Projekte machen darf*. In beiden Formulierungen erhielten die Projekte immerhin annähernd den Charakter von etwas Wünschenswertem. In ihrem Vorschlag dagegen, dass man *Projekte machen soll*, reproduziert sich das passive Moment, das in dem Motiv des In-die-Schule-geschickt-Werdens bereits zentralthematisch war, und führt dieses weiter fort.

Und natürlich findet die Substanzlosigkeit ihres „Praxiswunsches" auch schon in der Figur des *Projekte-Machens* an sich einen Niederschlag: Floskelhaft und inhaltlich leer ist es vor allem anschlussfähig an einen Lebens- und Arbeitsstil, der maximal weit von den Mühen einer alltäglichen beruflichen Praxis in der Schule entfernt ist. Der Begriff ‚*Projekt*' bedient den Zeitgeist und suggeriert ein abwechslungsreiches Arbeitsleben.

Hinsichtlich der imaginierten Nähe zur Schulpraxis wird damit, wie schon bei Hildesheim, etwas beansprucht, was frei von jeglichem Modellcharakter ist. *Vielleicht* und *irgendwelche* verstärken diese jargonhafte Artikulation, sodass auch hier Beliebigkeit in ihrer Explikation ihres Praxisideals dominiert.

Die Studierende führt fort *oder hin und wieder auch mal ne stunde übernehmen soll*. Auch hier verwendet sie wieder eine passive Formulierung.

Dabei sticht das *hin und wieder* ins Auge. Es widerspricht deutlich dem Modell, mit Aufnahme des Studiums möglichst regelmäßig an der schulischen Praxis zu partizipieren und deutet stattdessen auf eine seltene, unregelmäßige Praxis hin. Antwortet man auf die Frage des Zahnarztes *Wie oft benutzen Sie denn Zahnseide?* mit *hin und wieder*, so wird deutlich, dass diese Form der Zahnpflege nicht allzu häufig durchgeführt wird. Geht man *hin und wieder* ins Kino, ist man alles andere als ein Cineast. Übertragen heißt das: Der Studierenden geht es hier ganz sicher nicht darum, möglichst früh möglichst viel Unterrichtserfahrung zu sammeln. In ihrem gedanklichen Entwurf eines idealen Praxisbezugs verbleibt sie vielmehr in einer passiven Beobachterrolle, aus der sie nur gelegentlich, eben *hin und wieder,* in die Praxis herauszutreten wünscht.

In diesem Zusammenhang fällt auch die Figur des *Übernehmens* von Stunden auf. Wohlgeformt erscheint *übernehmen* vor allem im Zusammenhang mit der Übernahme von Verantwortung für Funktionen, z.B. von Schichten. Berichtet eine Frau vom Gasthof ihrer Schwiegereltern, wo sie *hin und wieder mal ne Schicht übernimmt,* so geht daraus hervor, dass sie diese Tätigkeit lediglich bei Bedarf *aushelfend* ausführt. Eigentlich ist sie jedoch nicht in den Normalbetrieb integriert.

Genau in diesem Sinne schlägt die Studierende hier vor, dass sie es wünschenswert fände, *hin und wieder auch mal ne Stunde zu übernehmen.* Sie markiert damit, dass das Unterrichten in ihrer inneren Vorstellungswelt nicht genuin zu ihrem Tätigkeitsbereich an der Schule dazuzählen, sondern eher ein Ausnahmeereignis darstellen sollte. Sie ist damit meilenweit von denjenigen engagierten Lehramtsstudierenden entfernt, die mit der Forderung nach einer frühen Anbindung an die schulische Praxis subjektiv die Hoffnung verbinden, möglichst früh eigenverantwortlich unterrichten zu dürfen. Ihr bescheidenes „Praxisideal" beschränkt sich vielmehr darauf, *irgendwelche Projekte da* zu machen und *hin wieder mal* für andere einspringend *eine Stunde zu übernehmen.*

Es zeigt sich im vorliegenden Fall immer deutlicher, dass im eigentlichen Sinne überhaupt kein Praxis*wunsch* bei der Studierenden vorliegt. Es will der Studierenden einfach nicht gelingen, ein anstrebenswertes Ideal eines praxisorientierten Studiums zu explizieren, obwohl sie manifest reklamiert, genau dies zu tun. Ihr vermeintlicher Wunsch nach einer früheren Anbindung an die schulische Praxis in der ersten Phase der Lehrerausbildung verflüchtigt sich vielmehr in ihrem durch Beliebigkeit gekennzeichneten Entwurf eines Studienmodells, mit dem sie sich offenkundig überhaupt nicht ernsthaft identifiziert. Was stattdessen sichtbar wird, ist eine Haltung, die durch eine biografische Passivität und gedankliche Provinzialität gekennzeichnet ist. Entsprechend schlaff fällt ihre Antwort auf die Frage aus, wie eine „ideale Praxisorientierung" im Lehramtsstudium aussehen würde:

Vielleicht so wie in Hildesheim. Also beispielsweise dass man da irgendwelche Projekte machen soll…

Zusammenfassung

Vor ein wirkliches Problem stellt der vorliegende Fall die universitäre Lehre im Rahmen des Lehramtsstudiums nicht. Es ist kaum vorstellbar, dass die Studierende in ihrer passiven Haltung zu ihrem Studium zu etwas Anderem als einer müde vorgetragenen Kritik an einem vermeintlich fehlenden Praxisbezug fähig ist, wie sie in dem obigen Interviewausschnitt deutlich wird. Insofern repräsentiert die Studierende einen unauffälligen Studierendentypus, der die universitäre Lehre zunächst einmal vermutlich vor allem nicht stört.

Eine Perspektive, wie die universitäre Lehrerbildung auf die „Forderung" der Studierenden sinnvoll eingehen könnte, lässt sich jedoch auch nicht formulieren, insofern sich in ihrer Forderung nach einem möglichst frühen In-die-Schule-geschickt-Werden ja in erster Linie ein Autonomiedefizit Ausdruck verschafft, das nicht spezifisch mit ihrem Lehramtsstudium zu tun hat.

Das größte Rätsel, das der vorliegenden Fall aufwirft, liegt bei näherer Betrachtung darin, was die Studierende überhaupt dazu motiviert haben könnte, freiwillig an einer Interviewstudie zum Praxiswunsch teilzunehmen. Während sich zwar auch in anderen Fällen in diesem Band hinter einer vermeintlichen Forderung nach „Mehr Praxis" keine wirkliche Zugewandtheit zur Praxis offenbart, so treffen wir doch zumindest auf verschiedene Formen einer intensiven Bearbeitung von individuellen Problemlagen (latente Ängste vor der Einnahme der Lehrerrolle, heftigen Widerwillen gegen die Welt des Intellektuellen, etc.).

Die Studierende dagegen scheint überhaupt nichts durch die Auseinandersetzung mit dem Thema Praxisbezug symbolisch bearbeiten zu wollen. Sie repräsentiert vielmehr einen Fall, der – obwohl für ihn die Forderung nach „Mehr Praxis" innerlich überhaupt nicht „besetzt" ist – einen Vorschlag, wie eine ideale Praxisorientierung im Studium aussehen könnte, einfach mal so „dahinsagt".

So richtig der Praxisbezug

I: Würden sie das (betont) sagen äh äh und ja würden sie das unter Praxisbezug klassifizieren oder is das irgendwie noch was anderes (TM auf) (1) also kommt das dem Bedürfnis entgegen oder eher nicht (TM auf)

S: Es sind natürlich (.) natürlich Geschichten (leichtes lachen) die er dann erzählt die aus dem Alltag der Schule irgendwie stammen (.) aber für mich is so richtig der Praxisbezug wenn wir als Studierende selber (1) vor ner Klasse stehen und unterrichten und uns die die Stunde selber entwerfen die Materialien zusammensuchen (.) das is für mich eigentlich so richtiger Praxisbezug

Fallvignette

In dem angeführten Ausschnitt aus einem Interview mit einer Lehramtsstudierenden[5] betont diese, dass ein „richtiger" Praxisbezug im Studium für sie darin bestehen würde, schon während des Studiums die Bewältigung typischer beruflicher Aufgaben einer Lehrerin zu übernehmen.

Zentral ist die Forderung, die universitäre Lehre sollte es Studierenden ermöglichen, Unterrichtspraxis zu simulieren. Dabei geht es ihr allerdings nicht um eine besonders anspruchsvolle, theoretisch reflektierte Unterrichtspraxis, sondern um maximal alltägliche Unterrichtsroutinen. Diese werden von ihr nicht als zu erlernende, sondern als gegeben vorausgesetzt und sollen nun innerhalb von Universitätsseminaren eingeübt werden. Hinter dieser Skizze eines „richtigen Praxisbezugs" verbirgt sich zugleich eine scharfe Kritik an der Idee einer handlungsentlastenden und theoretisch gehaltvollen universitären Lehre. Die Studierende plädiert letztlich für eine Ausbildungslogik, in der ein genuin universitärer Beitrag zur Lehrerausbildung nicht vorgesehen ist.

---

5 Studierende; Master Lehramt an Gymnasien; Biologie/Deutsch; 1. Semester

Fallrekonstruktion

Die Interviewerfrage schließt an Ausführungen der Studierenden zur vielgestal-
tigen universitären Interpretation des Praxisbegriffs und der Umsetzung in den
von ihr studierten Fächern Biologie und Deutsch an. Unter Praxis versteht sie,
das wird im vorangegangenen Teil des Interviews deutlich, vor allem das regelmäßige Unterrichten in der Schule. Der Interviewer möchte sich abschließend
der Einschätzung der Studierenden hinsichtlich des an ihrer Universität etablier-
ten Modells einer kasuistischen Lehrerbildung zuwenden. Seine Frage nach ihrer
Wahrnehmung der „Fallarbeit" in erziehungswissenschaftlichen Seminaren, also
der Betrachtung der schulischen Praxis durch die Interpretation von konkreten
Unterrichtsprotokollen, wird von der Studierenden jedoch nicht aufgegriffen.
Stattdessen verweist sie auf einen Dozenten, der gelegentlich Anekdoten aus der
schulischen Praxis ins Seminar einfließen lasse und daran ge- und misslingen-
de Interaktionen sowie Interventionsmöglichkeiten aufzeige. Es ist diese, weder
streng dem Idealtypus diskursiver Praxis im Universitätsseminar folgende, noch
explizit eine Handlungsrelevanz beanspruchende Lehre, auf die sich nun der Interviewer bezieht:

> *I: Würden sie das (betont) sagen äh äh und ja würden sie das unter Praxisbezug
> klassifizieren oder is das irgendwie noch was anderes (TM auf) (1) also kommt das
> dem Bedürfnis entgegen oder eher nicht (TM auf).*

Bemerkenswert an der gestellten Frage ist die Irritation des Interviewers darüber,
dass die Studierende punktuelle Anekdoten im Rahmen der Thematisierung einer
kasuistischen Lehrerbildung anführt. Mit dem Sprechakt *würden Sie **das** (betont)
sagen* bricht die latente Unterstellung und das damit einhergehende ‚Entsetzen'
der Studierenden gegenüber durch, diese könne tatsächlich Anekdoten als praxisrelevant erachten. Der Interviewer konfrontiert die Studierende damit, dass ihr
Verweis aus seiner Perspektive absolut unhaltbar sei.
Hätte er nun im Folgenden nachgefragt *Oder habe ich Sie falsch verstanden?*
so hätte er seine Irritation der Interviewee gegenüber offen thematisiert. Das tatsächlich anschließende *äh äh und ja* ist dagegen sprachlich etwas überraschend.
Es lässt ein Bemühen des Interviewers erkennen, die latente Konfrontation, die
in seiner initialen Reaktion auf die Ausführungen der Studierenden enthalten
ist, abzumildern. Dem entspricht dann auch der Anschluss *würden sie das unter
Praxisbezug klassifizieren.* So reproduziert sich in dieser Frage zwar weiterhin
latent eine Irritation gegenüber der Studierenden – wenn auch in einer deutlich
abgeschwächten Form –, zugleich leitet sie jedoch auch eine Kehrtwende ein: Der

Interviewer gewährt der Studierenden noch einmal die Chance, Praxisrelevanz so zu klassifizieren, wie er es für richtig hält. Im vorliegenden Fall bedeutet dies, dass der Interviewer selbst Anekdoten im Seminar nicht als praxisbedeutsam erachtet. Er eröffnet der Studierenden die Möglichkeit, ihre ‚falsche' Auffassung zu über- denken, also ihre Klassifikation, dass Anekdoten aus der Praxis als eine gehaltvol- le Form des Praxisbezugs verstanden werden könnten, zu korrigieren.

Die Anschlussfrage *oder is das irgendwie noch was anderes (TM auf)* stellt eine Fortsetzung dieses Korrekturangebots dar. Mit dieser Explikationsaufforderung wird einerseits eine Schließung der oben eröffneten Subsumtionslogik angezeigt, andererseits eröffnet die Frage selbst einen geringen Beantwortungsspielraum. Es wird deutlich, dass die Studierende im Folgenden zwar elaborieren soll, was aus ihrer Perspektive als Praxisbezug zu verstehen sei, zugleich verschafft sich jedoch auch – vor allem in dem tendenziell infantilisierenden „pädagogisch-hinweisen- den" Tonfall der Frage – eine latente Befürchtung des Interviewers Ausdruck, dass die Studierende wohl nur dann zu einer ‚richtigen' Einschätzung kommen werde, was ernsthaft als Praxisbezug gelten könne und was nicht, wenn sie sehr deutlich, geradezu mäeutisch, zu dieser hingeführt werde.

Mit der anschließenden Pause und der Frage *also kommt das dem Bedürfnis ent- gegen oder eher nicht (TM auf)* wechselt der Interviewer von einer inhaltlichen auf eine expressive Ebene. Damit tritt implizit eine Art von Hilflosigkeit des Intervie- wers innerhalb des Interviews zutage: Da ich annehme, dass Sie mir sowieso nicht sagen können, was sie eigentlich von der Praxis erwarten, so sagen Sie mir doch we- nigstens, wie das Thema bei Ihnen affektiv besetzt ist. Der Interviewer nimmt damit seine initiale schroffe Zurückweisung des Praxisverständnisses der Studierenden vollständig zurück, um ihr stattdessen einen alternativen Zugriff auf das Thema Praxisbezug anzubieten. Auch wenn Anekdoten aus seiner Perspektive selbstver- ständlich nicht praxisbedeutsam sind, so können sie doch individuell gegenteilig be- wertet werden. Die Frage nach dem *Bedürfnis* zeigt sich aufgeschlossen gegenüber dieser Ebene subjektiver Bedeutsamkeit. Über diese zu sprechen, erscheint dem In- terviewer ergiebiger als von der Studierenden eine ausführlichere Erläuterung ihres Praxisverständnisses einzuholen, von der er sich sowieso nicht viel verspricht.

In der Gesamtbetrachtung der Interviewerfrage wird also deutlich, dass diese sich von einer anfänglich eingerichteten Klassifikationslogik hin zu einer Orien- tierung an der subjektiven Wahrnehmung der Studierenden bewegt. Mit dieser Bewegung mildert der Interviewer die anfängliche Wuchtigkeit seiner „entsetz- ten" Reaktion auf die Ausführungen der Studierenden und auf ihr Verständnis von Praxisbezug stark ab und bietet ihr eine alternative Möglichkeit an, über den Pra- xisbezug im Lehramtsstudium zu sprechen, da er einen theoretisch gehaltvollen Austausch für wenig aussichtsreich hält.

Würde die Studierende nun anschließen mit einem Sprechakt wie *ach, eigentlich finde ich das auch irgendwie praxisrelevant*, würde sich die Unterstellung des Interviewers bestätigen, dass ihr Praxiswunsch ‚unterkomplex' sei. Vorstellbar wäre auch, dass sie sich auf die Seite des Interviewers stellt und markiert, dass sie Anekdoten aus der schulischen Praxis ebenfalls nicht wirklich als praxisbedeutsam erachte, um so die Irritation des Interviewers abzuwehren.

Der die Ausführungen der Studierenden tatsächlich einleitende Sprechakt *es sind natürlich (.) natürlich Geschichten (leichtes lachen)* markiert dagegen zunächst einmal, den propositionalen Gehalt dieser Geschichten kritisch zu prüfen. Sie bringt damit zum Ausdruck, dass ihr durchaus bewusst ist, dass die Rezeption schulischer Erfahrungen anderer nicht gleichzusetzen ist mit schulischer Praxis. Anstatt nun konkret den Interviewer zu adressieren und ihm gegenüber deutlich zu machen, er habe sie missverstanden, begibt sie sich in die Position der Deutung ebenjener aufgeworfenen Anekdoten. Geschichten zu erzählen, kann zunächst als Vorwurf verstanden werden: Wer Geschichten erzählt, schönt oder dramatisiert die ‚echte' Welt. Anders als *Beispiele*, können Geschichten subjektiv so gefärbt sein, dass sie stilistisch interessant, aber nicht inhaltlich relevant sind.

Nimmt ein Kind die Heilung eines Aussätzigen wortwörtlich, markiert die elterliche Reaktion *es sind natürlich Geschichten*, dass die Wunder Jesu gerade nicht buchstäblich zu verstehen sind. *Erzählt Opa wieder Geschichten aus dem Krieg?* verdeutlicht einerseits die Genervtheit gegenüber den ‚immergleichen' Erzählungen einer Person, andererseits den fehlenden Gehalt. Diese sind überdies maximal weit entfernt von der eigenen Lebensrealität und es bleibt unklar, was aus ihnen folgt.

Das anschließende *leichte lachen* der Studierenden verleiht ihrer Aussage eine Schärfe, die sie mit dem anschließenden Sprechakt *die er dann erzählt* fortführt. *Dann* impliziert ein *wenn*. Die Studierende verzichtet zwar darauf, die Situationen, in denen Anekdoten erzählt werden, zu explizieren, aber der Sprechakt verweist darauf, dass Anekdoten nicht integraler Bestandteil der seminaristischen Interaktion sein können. Es muss Anlässe geben, bspw. zur Auflockerung einer Situation oder zur Veranschaulichung von Theorie, in denen auf Anekdoten zurückgegriffen wird. Latent deutet die Studierende solche Situationen als prekär, sodass auf Anekdoten als ‚Hilfsmittel' zurückgegriffen werden muss. Hier drückt sich nicht nur eine Verachtung gegenüber der inhaltlichen Dimension der Geschichten, sondern auch ihrer situativen Verwendung gegenüber aus.

Mit dem Sprechakt *die aus dem Alltag der Schule irgendwie stammen* verdeutlicht die Studierende, dass das Gesagte in doppelter Hinsicht nicht gehaltvoll ist. Zum Problem der subjektiven Wiedergabe schulischer Praxis gesellt sich nun der Vorwurf, dass diese Geschichten überdies noch nicht einmal den Rahmen füllen, den sie von schulischer Praxis erwartet. Sie verdeutlicht, dass diese Geschichten im weitesten Sinne *irgendwie* mit Schule zu tun haben mögen, aber die alltägliche Berufspraxis gerade nicht abbilden würden. Vor dem Hintergrund ge- und misslingender Interaktionen und Interventionsmöglichkeiten im Unterricht markiert die Studierende damit, dass sie diese Form als unbedeutendes Randphänomen des schulischen Unterrichts deutet. Wenn aber diese Form der alltäglichen schulischen Berufspraxis von der Studierenden marginalisiert wird, stellt sich die Frage, welche Ansprüche sie an diese Berufspraxis erhebt.

Bis hierhin umgeht die Studierende sowohl die Frage nach der fallbasierten Arbeit im erziehungswissenschaftlichen Seminar als auch die oben herausgearbeitete Unterstellung des Interviewers. Vielmehr kann ihre Antwort als ,Gegenkonfrontation' betrachtet werden. Die Verweigerung einer, positiven wie negativen, Bezugnahme auf die erziehungswissenschaftlichen Seminare kasuistischer Provenienz mündet in eine scharfe Kritik an ebendiesen. Der Verweis auf einen konkreten Dozenten lässt sich hinsichtlich des Interviewkontextes als Vorwurf an die erziehungswissenschaftlichen Seminare an der Universität im Allgemeinen verstehen. Die allgemeine studentische Erwartungshaltung an die erziehungswissenschaftlichen Anteile der Lehrerbildung kann hier durch die Diskreditierung einer konkreten Einzelperson nicht als exemplarische Kritik, sondern als generalisierender Vorwurf an die erziehungswissenschaftlichen Seminare verstanden werden.

Auf diese Kritik folgt nun eine Zäsur und die Studierende widmet sich der inhaltlichen Ausgestaltung ihres Praxiswunsches. Mit dem Sprechakt *aber für mich is so richtig der Praxisbezug* markiert sie zunächst einen Anschluss gegenüber dem soeben widersprochenen Praxisanspruch der erziehungswissenschaftlichen Seminare. Hier erfolgt nun die explizite Disqualifikation schulischer Beispiele innerhalb dieser Seminare.

Das nun folgende *aber für mich is* ebnet den Weg zu einer Artikulation jenseits etablierter Positionen. *Ich kann mir nicht helfen, aber für mich is das alles überhaupt nicht nachvollziehbar* verweist darauf, dass nun eine unkonventionelle Deutung einer Situation folgt. Man selbst markiert damit, dass man keine Mehrheitsmeinung vertrete, sondern kritisiert ein bestimmtes Geschehen. Im vorliegenden Fall heißt dies, dass die studentische Deutung des Praxiswunsches sich jenseits der diskutierten Modelle, z.B. Praxissemester oder Sammeln schulpraktischer Erfahrungen ab Beginn des Studiums, verorten lässt. Hier reproduziert sich die Figur der Marginalisierung dessen, was im universitären Seminar als praxisbedeutsam ausgewiesen wird. Mit der Fortführung *so richtig der Praxisbezug* leitet sie eine inhaltlich gehaltvolle Ausgestaltung ihres Praxiswunsches ein. *So richtig* beansprucht, dass etwas „authentisch" und „echt" sei. Jemand, der *so richtig in der Pubertät* ist, wird als adoleszenter Idealtypus gedeutet. Gleichzeitig erweist es sich als unproblematisch, da er letztlich das abbildet, was man sowieso erwartet hat. Mit dem Sprechakt *so richtig der Praxisbezug* prescht die Studierende auf der manifesten Ebene nun also nach vorne: Nicht die handlungsentlastende Fallarbeit im Seminar, sondern nur die „echte" Praxis des schulischen Unterrichtens kann ihr Praxisbedürfnis stillen. Bemerkenswert daran ist, dass sie dieses Motiv als besonders innovativ hervorhebt, obwohl es genau dem Erwartbaren entspricht. *Wenn wir als studierende selber (1)* ist nun eine Mahnung. *Wenn wir als Partei selber in dieser Frage noch nicht einmal geschlossen auftreten, wie wollen wir dann Wähler mobilisieren* richtet sich hierbei an die eigenen Reihen. *Wenn wir als Betroffene selber zuletzt erfahren, was sich vor allem finanziell für uns ändert* mahnt hierbei ein Außen an und verweist auf die eigene Ohnmacht zu einem subjektiv relevanten Gegenstand. Beiden Gedankenexperimenten ist eine Binnenlogik der adressierten Gruppe gemein, die einen Zusammenhalt gegenüber der nicht dieser Gruppe zugehörigen Personen einfordert.

Die Studierende expliziert nun mit dem Sprechakt *vor ner Klasse stehen und unterrichten und uns die die Stunde selber entwerfen die Materialien zusammensuchen* die für sie zentralen Elemente der Praxisrelevanz. *Vor ner Klasse stehen* hat initialen Charakter, nämlich wenn man, zumeist im Referendariat, das erste Mal *vor ner Klasse steht*. Die Vorstellung, *vor nem Publikum zu stehen*, hat überdies ein auratisierendes Moment, markiert aber, anders als *auf der Bühne (zu) stehen* auch das Ausgesetztsein gegenüber jenem Publikum. Diese ,Negativaura' findet seinen Ausdruck auch in der Formulierung, man möchte nicht sein Leben lang *vor ner Klasse stehen*, denn dies ist einerseits zwar Kern der alltäglichen Berufspraxis von Lehrern, markiert zugleich jedoch eine Ausweglosigkeit. Die Explikation *und unterrichten* ist nun erklärungsbedürftig, ist dem Sprechakt *vor ner Klasse stehen* doch das Moment des Unterrichtens inhärent. Diese Redundanz markiert nun, dass die Studierende das *vor der Klasse stehen* und damit die alltägliche Berufspraxis von Lehrern gar nicht mit dem Unterrichten verknüpft. *Vor ner Klasse stehen* und *nicht* zu unterrichten kann also nur als Ausgesetztsein gegenüber einer Horde Schülern verstanden werden. Hier reproduziert sich die Binnenlogik der Gruppe der Studierenden, die sich gegenüber der ihr nicht zugehörigen Gruppe der Schüler behaupten muss. In Anbetracht dessen, dass ihre Ausführungen im Kontext der Frage nach den erziehungswissenschaftlichen Veranstaltungen stehen, wird deutlich, dass der Praxis*bezug* aus ihrer Perspektive im Rahmen der universitären Seminare stattfinden sollte. *Vor ner klasse stehen* heißt dann auch, dass diese Klasse keine Schulklasse sein kann, sondern vielmehr die Gruppe der Kommilitonen, die als studentische Schülerdarsteller innerhalb der simulierten Unterrichtsstunde fungieren. Von Praxis kann hier in der Tat keine Rede sein: Das irritierende Moment des Praxis*bezugs* findet auf der latenten Ebene vielmehr in der Imagination einer gespielten Praxis seinen Niederschlag.

Mit der Explikation *und uns die die Stunde selber entwerfen die Materialien zusammensuchen (.)* folgt nun die inhaltliche Ausgestaltung des Praxiswunsches. *Uns die die Stunde selber entwerfen* reproduziert, im Gegensatz zu *die Stunde selber entwerfen*, die Binnenlogik des Kreises der Studierenden. Es geht nicht darum, vor einer realen Schulklasse zu stehen und zu unterrichten, sondern innerhalb des Kreises der Kommilitonen zu verbleiben. Auf der latenten Ebene zeigt sich, dass die Studierende die ‚Konfrontation' mit ‚realen' Schülern abwehrt. Vielmehr geht es um eine Simulation, zugespitzt sogar eine Form des Schauspiels schulischer Praxis.

Das fortführende *die Materialien zusammensuchen* folgt der Logik einer Projektwoche beispielsweise zum Thema ‚Die Steinzeit'. Die Kinder sollen sich die Gegenstände, die für das Thema Steinzeit aus ihrer Sicht wichtig sind, zusammensammeln und zur spielerischen Annäherung an das Thema verwerten. Hier reproduzieren sich einerseits die Logik des Außeralltäglichen, andererseits die Distanz zum schulischen Praxis. Es geht nicht um die Praxis selbst, sondern um die Simulation einer punktuell auftretenden Praxis. Kontrastieren wir die Vorstellung *Materialien zusammensuchen* mit *Material entwickeln*, so wird deutlich, dass hier bereits ein Repertoire an bewährten Materialien wie Arbeitsblättern vorliegen muss. Diese Idee irritiert insofern, als sie zweifelsohne einer erfahrenen Lehrerin zugeschrieben werden kann, jedoch nicht einer Studierenden, deren schulpraktische Erfahrung gering ist. Es zeigt sich, dass die manifest herausgehobene Form des Praxiswunsches latent in einer bereits routinierten alltäglichen Berufspraxis imaginiert wird, die im vorliegenden Falls jedoch nicht eingelöst werden kann. Es drückt sich die Vorstellung aus, *so richtig der Praxisbezug* sei die artifizielle Situation des simulierten Unterrichts vor Kommilitonen, die darüber hinaus im Modus veralltäglichter Berufspraxis auftritt.

An dem abschließenden *das is für mich eigentlich so richtiger Praxisbezug* sind nun zwei Aspekte bemerkenswert. Zum einen hat die Studierende vorab den elementaren Bestandteil der alltäglichen Berufspraxis von Lehrern geschildert. Sie weist diese Praxis nun aber nicht als solche aus, sondern als *Praxisbezug*. Der Begriff des „Praxis*bezugs*" impliziert, dass dieser gerade nicht deckungsgleich mit der Praxis ist, sondern Praxis in einer anderen Form berücksichtigt. Die vom Interviewer aufgeworfene Frage nach fallbasierter Arbeit im erziehungswissenschaftlichen Seminar kann als solch eine Form des Praxisbezugs verstanden werden. Hier wird Praxis nicht simuliert, sondern aus einer handlungsentlastenden Perspektive in den Blick genommen. Der Studierenden ist die Beschäftigung mit Unterrichtsprotokollen und damit einem pointierten Blick auf schulische Praxis jedoch fremd. Stattdessen plädiert sie für eine simulierende Form des Unterrichts, die jenseits der realen Bedingungen im Rahmen der universitären Lehre implementiert werden soll. Neben einer Umdeutung der schulischen Berufspraxis, bringt sie latent zum Ausdruck, dass die Simulation des Unterrichts auch ohne Schüler erfolgen soll. Auch wenn sie manifest markiert, dass sie gerne ‚klassisch' unterrichten würde, zeigt sich auf der latenten Ebene eine starke Abwehrhaltung gegenüber der primären schulischen Interaktionsform (Unterrichten) und ihrer Klientel (Schüler). Obgleich das kasuistische Modell der Lehrerbildung eingangs scharf kritisiert wird, münzt die Studierende diese Kritik nicht in ein Gegenmodell von ‚weniger Theorie, mehr Praxis' um. Die praktischen Bezüge, die sie sich im Rahmen des Lehramtsstudiums wünscht, siedelt sie vielmehr in einem Vakuum an. Der Praxiswunsch entpuppt sich hier als Wunschpraxis: die Imitation schulischer Praxis, an der weder die ‚Darsteller', noch die Interaktionsform eine ernsthafte Nähe zur alltäglichen Berufspraxis von Lehrern aufweisen sollen.

Zusammenfassung

Den Ausführungen der Studierenden ist durch die nachdrückliche Betonung des „richtigen" Praxisbezugs inhärent, dass es auch einen falschen Praxisbezug geben muss. Dieser ist schnell gefunden und so positioniert sie sich auf der manifesten Ebene wohlwollend und milde gegen eine anekdotische Form des Praxisbezugs. Das Einstreuen schulischer Erfahrungen, damit teilt sie die Auffassung des Interviewers, kann nicht gleichgesetzt werden mit schulischer Praxis oder einer gehaltvollen Anknüpfungsmöglichkeit an Praxis. Die sich latent vollziehende Generalisierung und damit Diskreditierung aller erziehungswissenschaftlichen Anteile des Lehramtsstudiums markiert eindrücklich, dass ihr Praxiswunsch grundsätzlich gegenläufig zur Realität der universitären Lehrerausbildung ist. Falscher Praxisbezug ist für die Studierende all das, was keine praktische Anwendung findet und schließt somit den genuin universitären Anteil der Ausbildung ein. Zum einen suspendiert sie damit analytische, theoretische und reflexive Perspektiven aus der Lehrerausbildung, da diese zugunsten der Einübung lehrertypischer Aufgaben weichen müssen. Damit wird zugleich ein professioneller Ausbildungsanspruch aufgegeben. Zum anderen werden die schulischen Berufsanforderungen gar nicht schulisch verortet. „Richtiger Praxisbezug" ist für sie vielmehr die Simulation einer Vorstellung von schulischem Unterricht inmitten einer Gruppe, deren Teilnehmer dafür zwangsläufig Rollen einnehmen müssen, die wiederum einer Vorstellung von Schülern entsprechen. Praxis pervertiert somit zu einer weltabgewandten und surrealen Phantasie, in der die Ausgangsbedingungen so angelegt sind, dass eine früher oder später eintretende Konfrontation mit der realen schulischen Praxis in nichts anderem als einer schweren berufsbiografischen Krise münden kann.

Nicht nur aus diesem Grund tut die universitäre Lehrerausbildung gut daran, diesen ihr entgegenstehenden Ideen nicht nachzukommen.

... dass man dann wirklich so einmal im Jahr immer in den großen Semesterferien
vielleicht wirklich veranlasst dass man sagt so ihr müsst jetzt vier Wochen oder
sagen wir drei Wochen reicht ja vielleicht auch in die Schule wo ihr vielleicht erst-
mal eine Woche irgendwie nur hospitiert oder anderthalb Wochen und dann selber
auch selber auch n bisschen unterrichtet ...

Fallvignette

In diesem Fall[6] steht die Forderung nach einer Erhöhung der Anzahl der Praktika
im Lehramtsstudium im Zentrum. Die Studierende, die in einem fächerübergreifenden Bachelor studiert, in dem lediglich ein allgemeines Schulpraktikum während der dreijährigen Regelstudienzeit absolviert werden muss, fordert stattdessen
ein jährliches mehrwöchiges Praktikum. Es liegt also eine konkrete und durchaus
ambitionierte Idee vor, wie in den Augen der Studierenden der „Praxisbezug" im
Studium ausgebaut werden könnte.

Das Bemerkenswerte dieses Falls besteht darin, dass unterhalb des auf den ersten Blick sogar einigermaßen emphatisch erscheinenden Plädoyers für ein jährliches Schulpraktikum ein gegenläufiger Wunsch zum Ausdruck kommt: Überdeckt
durch die Suggestivkraft der „Imagerie des Praxiswunsches", der vermeintlichen
Selbstevidenz, dass „mehr Praxis" für Studierende doch immer etwas Wünschenswertes sei, zeigt erst eine genauere Analyse, dass in der Forderung der Studierenden nach mehr Praktika eine Sinnschicht eingelagert ist, die verrät, dass sie die
unterrichtliche Realität eigentlich am liebsten meiden wollen würde.

---

6   Studierende; FüBA/lehramtsbezogen; Musik/Deutsch; 3. Semester

Fallrekonstruktion

Auffällig am Beginn des obigen Interviewausschnitts ist zunächst der Ausdruck einer gewissen Involviertheit der Studierenden. Sie spricht nicht nüchtern darüber, welche Veränderungen im Lehramtsstudium in ihren Augen wünschenswert seien, sondern sie formuliert beherzt einen auf den ersten Blick relativ wuchtigen Reformvorschlag. So verleiht der Sprechakt *dass man dann* **wirklich** dem nachfolgenden Vorschlag eines jährlichen Schulpraktikums den Charakter einer kühnen Idee, während derselbe Sprechakt ohne das *wirklich* bloß als neutrale Einleitung desselben Vorschlags erschiene. Wir haben es also nicht mit einer desinteressierten Stellungnahme zu der Frage der Anzahl an Schulpraktika zu tun, sondern mit einer Studierenden, die mit einer gewissen Emphase ihre Vorstellung davon vorbringt, wie der „Praxisbezug" im Lehramtsstudium ihrer Ansicht nach „verbessert" werden könnte.

Wie sieht diese Verbesserung aus?

Die Studierende schlägt vor, dass Lehramtsstudierende *immer in den großen Semesterferien* ein Praktikum an einer Schule absolvieren sollten. Damit überbietet sie die Anzahl an Praktika, die in ihrem Studium vorgesehen sind – nämlich nur ein allgemeines Schulpraktikum innerhalb der sechs Semester ihres fächerübergreifenden Bachelorstudiums – deutlich. Es scheint damit also eine Forderung nach einer wirklich substanziellen Ausweitung des „Praxisbezugs" vorzuliegen.

Gleichzeitig ist ihr Vorschlag jedoch durch eine merkwürdige zeitliche Implikation gekennzeichnet, die dieser Ausweitung etwas im Wege steht. Denn wenngleich die vorlesungsfreie Zeit im Anschluss an ein Sommersemester an der Universität natürlich deutlich länger dauert als die schulischen Sommerferien, so fällt doch auf, dass sich beide erheblich überlappen. Im „ungünstigsten Fall" können schulische Sommerferien, je nach länderspezifischer Festlegung, sogar die Zeitspanne von Ende Juli bis Mitte September umfassen, was, wiederum in Abhängigkeit z.B. vom Beginn eines jeweiligen Wintersemesters, unter Umständen wenig Raum für ein mehrwöchiges Schulpraktikum in den „Sommersemesterferien" lässt.

Selbstverständlich ist die Überlappung zwischen Sommerferien und vorlesungsfreier Zeit niemals so vollständig, dass nicht doch immer ein paar Wochen übrigblieben, an denen Studierende noch ein Praktikum absolvieren könnten. Aber es ist doch bemerkenswert, dass die Studierende in ihrer Forderung in Kauf nimmt, dass während eines nicht geringen Teils der universitären „Sommersemesterferien" gar keine schulische Praxis stattfindet, mit der Studierende im Rahmen eines Praktikums Erfahrungen machen könnten.

Man könnte dieses Problem der zeitlichen Überlappung der vorlesungsfreien Zeit im Sommer und der „großen" schulischen Ferien natürlich damit abtun, dass die Studierende hier ja keinen durchgearbeiteten Vorschlag präsentiere, sondern lediglich eine unverbindliche Idee zum Besten gebe, und dass die zeitliche Problematik ihres Vorschlages ja durchaus keine ist, die ihren Vorschlag gänzlich unmöglich macht.

Dieser Einwand würde jedoch auch gelten, wenn die Studierende davon gesprochen hätte, dass Studierende *immer in der vorlesungsfreien Zeit im Sommer* ein Praktikum absolvieren sollten. An ihrer tatsächlichen Formulierung *immer in den großen Semesterferien* fällt dagegen auf, dass sie den umgangssprachlichen Ausdruck für die schulischen Sommerferien, die auch als *große Ferien* bezeichnet werden, mit der vorlesungsfreien Zeit im Studium während der Sommermonate, die im Allgemeinen nicht als *große Semesterferien* bezeichnet werden, vermischt. Damit rückt sie jedoch die schulischen Sommerferien und die universitäre vorlesungsfreie Zeit sprachlich sehr eng zusammen. Worauf lässt dies schließen?

Wir möchten hier die (natürlich noch riskante) These formulieren, dass sich in dem Zusammenschieben von universitärer vorlesungsfreier Zeit und schulischen Sommerferien in der Formulierung *immer in den großen Semesterferien* ein unbewusster Wunsch gegen die Aussageintention der Studierenden Ausdruck verschafft, der darin besteht, dass sie die von ihr geforderten Schulpraktika am liebsten in die Zeit der schulischen Ferien verlegen würde, also in eine Zeit, in der in der Schule gar keine schulische Praxis stattfindet. Die Studierende würde sich in dieser Lesart in der vorliegenden Sequenz manifest zwar darum bemühen, einen starken Wunsch nach „mehr Praxis" in Form eines jährlichen Praktikums auszudrücken, in dieser Bemühung würde sich jedoch ein latenter Widerstand Ausdruck verschaffen, in der vorlesungsfreien Zeit im Sommer eben nicht mit der schulischen Praxis konfrontiert zu werden.

Diese zunächst unwahrscheinlich klingende These wird es im Folgenden zu prüfen gelten.

Bereits die nächste Sequenz zeigt, dass die Idee eines jährlichen Praktikums eigentlich nichts mit einem Praxis*wunsch* der Studierenden zu tun haben kann. So verweist die Formulierung, *dass man dann wirklich so einmal im Jahr immer in den großen Semesterferien vielleicht wirklich* **veranlasst** ziemlich brachial darauf, dass die Studierende annimmt, dass ein jährliches Praktikum nicht auf einem „Praxiswunsch" von Studierenden gegründet werden könnte. Das Verb *veranlassen* impliziert vielmehr, dass es in ihren Augen einer mit institutionellen Machtmitteln ausgestatteten Obrigkeit bedürfe, die das jährliche Praktikum auch *gegen den Wunsch* der Lehramtsstudierenden durchsetzen könne. Die Art und Weise, wie sie ihren Wunsch nach „mehr Praxis" vorbringt, unterstellt sozusagen zugleich widersprüchlicherweise, dass sich Studierende im Allgemeinen eigentlich nicht mehr Praxis wünschen würden.

Auffällig ist in diesem Zusammenhang, dass die Studierende von einer schwer bestimmbaren außenstehenden und unpersönlichen Position über das Lehramtsstudium spricht. Dieser Eindruck entsteht nicht einfach nur durch die Verwendung des Generalpronomens *man*. Hätte sie gefordert *dass man es uns ermöglicht*, so hätte sie damit eindeutig aus einer Binnenperspektive des Lehramtsstudiums einen Wunsch formuliert. In der tatsächlich gewählten Formulierung *dass man … wirklich veranlasst* ist das Verhältnis der Studierenden zu diesem *man* ein anderes: Auf der einen Seite ist das, was von diesem *man* veranlasst werden soll, natürlich der Inhalt dessen, was die Studierende als ihren Praxiswunsch vorstellen möchte. Insofern fällt die Perspektive der Studierenden mit diesem *man* zusammen; sie ist das *man*.

Auf der anderen Seite steht dieses *man* als eine veranlassende Instanz jedoch außerhalb der Lehramtsamtsstudentenschaft, zu der die Studierende gehört. Insofern zählt sie objektiv selbst zu der Gruppe derjenigen, die zum Objekt der von ihr geforderten Veranlassung gemacht werden sollten, die also auch gegen ihren Willen zur Absolvierung eines jährlichen Praktikums verpflichtet werden sollten.

Worauf deutet diese Uneindeutigkeit, was die Positionalität der Studierenden angeht, in der Formulierung *dass man vielleicht wirklich veranlasst* fallstrukturell hin?

Es liegt u.E. auf der Hand, dass die Studierende sich manifest natürlich mit der veranlassenden Instanz identifiziert, sie sich also bewusst auf der Seite derjenigen sieht, die sich eine Erhöhung des Praktikumsanteils im Studium wünschen. Dass sie dabei jedoch eine Zwangsmaßnahme formuliert, der sie selbst auch unterworfen sein würde, kann dagegen – gerade vor dem Hintergrund des oben auf der Grundlage der Formulierung *große Semesterferien* bereits bei der Studierenden vermuteten latenten Widerstands gegenüber der unterrichtlichen Praxis – als Reproduktion ebenjenes Widerstands verstanden werden. Die eigentümliche und auch sprachlich ziemlich unwahrscheinliche Figur eines Praxiswunsches in Form einer von außen an die Lehramtsstudierendenschaft gerichteten Veranlassung lässt sich als Ausdruck davon verstehen, dass sich in ihr etwas gegen die Forderung nach einer Erhöhung des Praktikumsanteils im Studium sträubt, so dass es ihr sprachlich nicht gelingt, ihre Forderung nach einem jährlichen Praktikum in der Interviewsituation authentisch aus der Ich-Perspektive als einen eigenen Wunsch vorzubringen. Genau deshalb nimmt sie lieber eine Außenperspektive auf das Lehramtsstudium ein: Diese ermöglicht es ihr, in einer Identifikation mit der akklamationspflichtigen Parole „mehr Praxis" lautstark eine deutlich höhere Anzahl an Praktika im Studium zu fordern, ohne sich subjektiv zu der Idee eines jährlichen Praktikums äußern zu müssen. Sie kann volltönig in den Chor derjenigen, die nach „mehr Praxis" rufen, einstimmen und ihre leisen Widerstände gegen die schulische Praxis gleichzeitig zum Schweigen bringen.

Dieses Auseinanderfallen zwischen der vordergründig emphatischen Forderung nach einem jährlichen Praktikum und einer latenten Sinnschicht in den Äußerungen der Studierenden, die auf einen Widerstand gegen ebendiese Forderung verweist, gilt es im Folgenden weiter im Protokoll zu verfolgen.

In der nächsten Sequenz setzt sich die Logik einer unbestimmten externen Instanz, die die Gesamtheit der Lehramtsstudierenden gegen deren Willen auffordert, sich an den Ort der unterrichtlichen Praxis zu begeben, mit dem Sprechakt *dass man sagt so ihr müsst jetzt vier Wochen* fort. Dieses Mal ist es keine institutionelle Instanz, von der der äußere Druck auf die Lehramtsstudierenden ausgeht, sondern eine elternähnliche. So kann der Sprechakt *so ihr müsst jetzt* wohlgeformt nur von Eltern gegenüber Kindern etwa im Grundschulalter geäußert werden. Für diese bedeutet er das jähe Ende eines angenehmen Zeitvertreibs, indem sie von ihren pflichtbewussten Eltern auf eine anstehende notwendige Tätigkeit hingewiesen werden, die nun zu folgen hat. Der Ausruf etwa *so ihr müsst jetzt ins Bett* könnte am Abend ein Spielen von Kindern abbrechen. Der Sprechakt würde dabei implizit mitthematisieren, dass es noch außerhalb des Horizontes der entsprechenden Kinder liege, ihr Spielen auf Grund der fortgeschrittenen Uhrzeit selbstständig zu beenden. Sie müssen an das Notwendige und Unvermeidliche erinnert werden. Ansonsten würden sie einfach glücklich und pflichtvergessen weiterspielen.

Mit der Formulierung *so ihr müsst jetzt … in die Schule* wird in der vorliegenden Sequenz also wieder impliziert, dass der Weg in die Schule von Lehramtsstudierenden in den Augen der Interviewee kaum freiwillig eingeschlagen würde, sondern sie dazu von außen, von einer pflichtbewussten, wohlwollend-strengen elternartigen Instanz angehalten werden müssen. Das stellt nun eine recht drastische Infantilisierung der in direkter Rede angesprochenen Lehramtsstudierenden dar, die von der Interviewee damit implizit als Grundschüler adressiert werden.

Auffällig ist, dass die Interviewee erneut eine Formulierung wählt, die ihre eigene Positionalität innerhalb dieses Adressierungsgeschehens im Unklaren lässt. Weder kann sie mit der elterlichen Instanz, die die Gesamtheit der Lehramtsstudierenden anspricht, gleichgesetzt werden, noch zählt sie sich explizit zu ihren Kommilitonen, die eines sanften Drucks bedürften, um sich der unterrichtlichen Praxis anzunähern, hinzu.

U.E. muss diese sprachliche Unschärfe in den Ausführungen der Studierenden erneut als fallstrukturell motiviert betrachtet werden. Es reproduziert sich in ihr,

wie schon in der Rede von dem „Veranlassen" weiter oben, die Konstruktion eines
die Lehramtsstudentenschaft von außen adressierenden Sprechers, der eine Praxisforderung vorbringt, die im pädagogischen Diskurs nur auf Zustimmung treffen
kann und die zugleich die Funktion erfüllt, die Studierende auf den ersten Blick
in einem Licht erscheinen zu lassen, als würde sie diese Forderung unambivalent
teilen. Die Explizitheit der Forderung und die Emphase, mit der sie vorgebracht
wird, verstellen über die Imagerie, dass Lehramtsstudierende sich doch eigentlich
nur *mehr* und niemals *weniger Praxis* wünschen, die Sicht darauf, dass ihre eigene Haltung mit derjenigen des Sprechers, den sie in ihrer Rede auftreten lässt,
gar nicht zwingend zusammenfällt. Sie verbirgt auf diese Weise sowohl vor ihren
Zuhörern als auch vor sich selbst, dass in ihrer Forderung nach mehr Praxis eine
Sinnschicht eingelagert ist, die auf das Vorliegen eines latenten Widerstands gegen
diese Praxis verweist.

In den Folgesequenzen drückt sich diese widersprüchliche Struktur darin aus, dass
ihr die emphatische Forderung nach einem jährlich stattfindenden Praktikum Sequenz für Sequenz immer weiter zerrinnt. Es gelingt ihr dabei das Kunststück,
manifest auf der Seite besonders vehementer „Praxisbefürworter" zu stehen und
gleichzeitig eine Praktikumskonzeption zu formulieren, in der, nimmt man sie
beim Wort, die unmittelbare Konfrontation von Lehramtsstudierenden mit der unterrichtlichen Praxis nahezu vollständig getilgt ist.
   Die Bewegung der Rücknahme ihrer Forderung zeichnet sich bereits in dem im
Vorherigen nicht interpretierten Einschub ... *oder sagen wir drei Wochen reicht
ja vielleicht auch* bereits ab. Zunächst reproduziert sich in dieser Formulierung
natürlich, dass die unterrichtliche Praxis von der Studierenden als etwas Unange-
nehmes gerahmt wird und nicht als etwas, auf das sich Lehramtsstudierende etwa
auch freuen könnten. Würde jemand sagen *Wollen wir uns heute mal wegen der
Planung der Hochzeitsfeier eine Stunde zusammensetzen **oder sagen wir eine
halbe Stunde reicht ja vielleicht auch,*** so wäre die Planung der Hochzeitsfeier
zwingend als eine lästige, aber nun einmal notwendige Tätigkeit gerahmt, was
entsprechend bedeutet, dass die Studierende das von ihr geforderte jährliche Praktikum als eine Zeit rahmt, die man möglichst schnell hinter sich bringen wolle.
   Genau darauf reagiert auch die Verkürzung der Praktikumszeit von vier auf
drei Wochen. In Langschrift bringt die Studierende damit zum Ausdruck, dass
Schulpraktika aufgrund der Tatsache, dass sie eine unangenehme Zeit für Lehramtsstudierende seien, nicht länger dauern sollten als unbedingt notwendig.
   In der nächsten Sequenz *wo ihr vielleicht erstmal eine Woche irgendwie nur
hospitiert* relativiert sie nun – immer noch im Modus eines im Vagen bleibenden,
die Gesamtheit der Lehramtsstudierenden von außen adressierenden Sprechers –

den Grad der Konfrontation mit der unterrichtlichen Praxis innerhalb des bereits verkürzten Praktikums: Sie lässt ihren gedankenexperimentell entworfenen Sprecher vorschlagen, dass zu Beginn des Praktikums vielleicht *nur hospitiert*, also nicht selbst unterrichtet werden sollte.

Die Konstruktion einer Hospitationsphase vor einer Phase des Sammelns eigener unterrichtspraktischer Erfahrungen ist erneut ein deutlicher Ausdruck dafür, dass der Studierenden die Vorstellung einer direkten Konfrontation mit der unterrichtlichen Praxis unbehaglich ist, weshalb sie sich eine Vorbereitungsphase wünscht, die eine vorsichtigere Annäherung in die unterrichtliche Praxis ermöglicht.

Doch selbst diese Zurückdrängung einer unmittelbaren Konfrontation mit der unterrichtlichen Praxis ist ihr noch nicht genug. Schon in der nächsten Sequenz weitet sie die Schonfrist des Hospitierens gegenüber dem Praktikumsanteil, in dem eigene praktische Erfahrungen gesammelt werden könnten, aus: *wo ihr vielleicht erstmal eine Woche irgendwie nur hospitiert oder anderthalb Wochen*. Gerade die unnötige, überraschende und zeitlich ja eigentlich vernachlässigbare Korrektur von *einer* auf *anderthalb Wochen* zeigt dabei, wie ihr unbewusster Widerstand gegen die schulische Praxis hier gewissermaßen in Echtzeit operiert: Er zeigt sich nicht in Form eines sprachlichen Elements, das fehlleistungshaft eine explizite Distanzierung von der unterrichtlichen Praxis zum Ausdruck bringt, sondern darin, dass die Studierende an allen Ecken und Enden ihren Vorschlag im Detail so nachjustiert, dass in der Summe die Konfrontation mit der schulischen Praxis wirksam zurückgedrängt wird. So ist aus einem jährlichen vierwöchigen Praktikum, in dem Lehramtsstudierende potentiell vier Wochen lang Unterrichtserfahrung sammeln könnten, an dieser Stelle bereits ein dreiwöchiges Praktikum geworden, in dem die Hälfte der Zeit hospitiert werden sollte, bevor dann eigene unterrichtspraktische Erfahrungen gesammelt werden könnten.

Im Folgenden setzt sich das Hinausdrängen der unterrichtlichen Praxis aus dem geforderten jährlichen Schulpraktikum jedoch noch weiter fort. Die Studierende schlägt vor (bzw. lässt ihren Sprecher vorschlagen), dass die Lehramtsstudierenden nach der anfänglichen Hospitationsphase *dann selber auch selber auch n bisschen unterrichten* sollten. Wieder hat man es hier mit einer aufschlussreichen Korrekturbewegung zu tun. Sie bricht den Sprechakt *wo ihr vielleicht erstmal eine Woche irgendwie nur hospitiert oder anderthalb Wochen und dann selber unterrichtet* ab, um stattdessen noch zweimal ein *auch* und die Abschwächungspartikel *bisschen* einzuschieben: *und dann selber auch selber auch n bisschen unterrichtet*. Die Differenz zwischen diesen beiden Aussagen muss, wenn man sich erst einmal der Einschiebung des ersten *auch* widmet, darin gesehen werden, dass in der

zunächst anvisierten Aussage die Praktikanten nach der Hospitationsphase vollständig in die eigenverantwortliche Unterrichtstätigkeit entlassen worden wären –
in der ersten Hälfte des Praktikums sollte hospitiert, anschließend aber Unterricht
gehalten werden. In der tatsächlich gewählten, korrigierten Formulierung, dass
die Praktikanten nach der Hospitationsphase *auch selber* unterrichten sollten, erscheint dagegen das eigenständige Unterrichten als ein bloß situativ von den Lehrern, bei denen hospitiert wird, zugelassenes. Statt eines vollständigen Übergangs
von der Hospitation hin zur Praxis während des Praktikums, wie dies in der abge-
brochenen Formulierung impliziert worden wäre, bleibt mit dem ersten *auch* der
Schwerpunkt des Praktikums weiterhin die Hospitation, die bloß gelegentlich um
ein selbstständiges Unterrichten ergänzt wird.

Dieser bereits reduzierte Anteil an selbstständiger unterrichtlicher Praxis wird
durch das zweite *auch* noch weiter zurückgenommen. Das bloß situative Verlassen
der Hospitantenrolle, um praktische Erfahrungen zu sammeln, bezieht sich in der
Formulierung *auch selber* **auch zu unterrichten** sprachlich objektiv nicht nur auf
das Unterrichten, sondern auch auf andere praktische Tätigkeiten eines Lehrers.
Der bereits reichlich zurechtgestutzte Anteil an unmittelbarer eigener Unterrichtserfahrung im Praktikum muss sich also auch noch auf verschiedene Tätigkeitsbereiche aufteilen. Das Unterrichten ist nur ein Segment unter anderen, die der
Praktikant in der zweiten Hälfte seines Schulpraktikums gelegentlich aus einer
praktischen Perspektive erfahren sollte.

Fast vollständig verbannt wird das Sammeln eigener unterrichtspraktischer
Erfahrungen schließlich damit, dass die Lehramtsstudierenden nach der Hospitationsphase lediglich *auch selber auch n bisschen unterrichten* sollten. Konkret
passt zu dieser Formulierung eigentlich nur, dass die Schulpraktikanten innerhalb
von Unterrichtsstunden anderer Lehrer bloß gelegentlich für kurze Zeit probehal-
ber die Rolle des Lehrers einnehmen dürfen sollten.

Aus dem stolzen Reformvorschlag eines alljährlich stattfindenden vierwöchigen
Schulpraktikums als Beitrag zu einer berufspraktischen Vorbereitung auf den
Lehrerberuf ist damit durch eine Kette von kleinen Korrekturen ein dreiwöchiges
Praktikum geworden, in dem zunächst anderthalb Wochen hospitiert wird, und
in dessen zweiter Hälfte die Praktikanten lediglich situativ in Anwesenheit eines
erfahreneren Lehrers für kurze Zeit auch einmal ein bisschen unterrichten dürfen
sollten.

Das fallstrukturell Spezifische an dieser Zurückdrängung der unterrichtlichen
Praxis ist dabei, dass sie eingebettet ist in eine nach außen hin emphatisch vorgetragene Forderung nach mehr Praxis (bzw. mehr Praktika) im Lehramtsstudi-

um, die die „Imagerie des Praxiswunsches" virtuos bedient. Auf die Frage, ob sie der Überzeugung sei, Lehramtsstudierende sollten möglichst viel praktische Erfahrung mit dem Unterrichten bereits während des Studiums sammeln, würde die Studierende sicherlich mit einem deutlichen „Ja" antworten. Ihre Abwehrhaltung gegenüber der unterrichtlichen Praxis, ihr Wunsch, diese zu meiden, ist ihr bewusst nicht zugänglich. Dementsprechend findet die Zurückdrängung der Praxisforderung lediglich auf der latenten Bedeutungsebene in ihren Ausführungen statt: Zum einen lässt die Studierende die vollmundige Forderung nach einem jährlichen Schulpraktikum von einer äußeren Instanz vorbringen. Sie verleitet den Zuhörer dabei zu der Annahme, dass sie selbst es sei, die mehr Praxis im Studium fordere, obwohl sie de facto den Wunsch als einen ihr äußerlichen darstellt. Und zum anderen gelingt es ihr, den Anteil an unmittelbarer Konfrontation mit der unterrichtlichen Praxis durch eine Reihe an sich geringfügiger Korrekturen fast vollständig zu eliminieren. Diese Korrekturbewegung im Kleinen segelt dabei geschickt unterhalb des Radars ihres Selbstverständnisses, eine Lehramtsstudierende zu sein, die selbstverständlich die regelmäßige Möglichkeit, praktische Erfahrungen bereits während des Studiums zu sammeln, begrüßen würde.

Zusammenfassung

Anhand des vorliegenden Falls lässt sich die Wirksamkeit der Imagerie des Praxiswunsches besonders gut studieren. So ist der im Vorherigen rekonstruierte Widerstand der Studierenden gegenüber der unterrichtlichen Praxis beim ersten Lesen des Protokolls kaum wahrzunehmen. Anders als in anderen Fällen dieses Bandes, bei denen bereits ein oberflächlicher Leseeindruck erahnen lässt, dass man es mit nicht ganz unambivalenten Haltungen von Studierenden zu ihrem Studium zu tun hat, scheint die Studierende des vorliegenden Falles sich klar für eine deutliche Erhöhung der Anzahl an Schulpraktika im Lehramtsstudium auszusprechen.

Dieser Eindruck entsteht im Wesentlichen durch die Unterstellung, dass „mehr Praxis" im Kontext des Lehramtsstudiums grundsätzlich von Lehramtsstudierenden als etwas Wünschenswertes betrachtet wird. Erst durch die assoziative Beziehung zu dieser Vorstellung können die Ausführungen der Studierenden als „Wunsch" wahrgenommen werden. Löst man ihre Ausführungen aus diesem Imagerie-Kontext und setzt sie (sprachlich nur leicht variiert) in einen anderen Kontext ein, bleibt von einem Wunschcharakter ihrer Äußerungen wenig übrig.

Würde etwa ein Berufsverband darüber diskutieren, wie dessen Mitglieder im Sinne einer Professionalisierungsanstrengung dazu gebracht werden könnten, mehr Fortbildungen zu absolvieren, so könnte man sich in diesem Zusammenhang folgenden Vorschlag vorstellen: *... dass man dann wirklich so einmal im Jahr vielleicht wirklich veranlasst dass man sagt so ihr müsst jetzt vier Wochen eine Fortbildung machen.*

In dieser Äußerung treten die oben mühsam herausgearbeiteten Implikationen einer von dem Sprecher unterstellten Widerwilligkeit bei den Personen, über die hier geredet wird, offen zu Tage – im Falle des Beispiels eine Widerwilligkeit gegenüber Fortbildungsmaßnahmen. Während also im Kontext der Lehrerbildung die Wahrnehmung der Äußerungen der Studierenden unmittelbar in Richtung eines unterstellten Praxis*wunsches* eingetrübt werden, werden außerhalb des Assoziationskomplexes der Imagerie des Praxiswunsches die sprachlichen Implikationen desselben Sprechakts grell sichtbar.

… ähm die haben beispielsweise einmal in der Woche einen Tag an dem sie in die Schule gehen also beispielsweise der Freitag ist dann immer reserviert für einen Schulbesuch haben dann dementsprechend Kooperationen mit Schulen die das dann mit unterstützen und ähm das ist natürlich n ganz anderer Ansatz also wenn man das bereits als ich sag mal Alltag dann miterleben kann …

Fallvignette

Im Zentrum dieses Falls[7] steht eine konkrete studienorganisatorische Variante der unmittelbaren Verzahnung von Theorie und Praxis innerhalb des Lehramtsstudiums: die Einrichtung eines studienbegleitenden „Praxistags". Die Studierende, an deren Universität lediglich ein Fachpraktikum im Rahmen ihres Masterstudiengangs vorgesehen ist, berichtet von einem Studiengangsmodell an einer anderen Universität, in dem es vorgesehen sei, dass Lehramtsstudierende während des Semesters einen Tag in der Woche an einer Schule verbringen sollten. Dabei scheint sie dieses Modell als eines vorzustellen, das sie sich ebenfalls für sich wünschen würde, um sich bereits während des Studiums mit dem Alltag des Lehrerberufs vertraut zu machen.

Bei näherer Betrachtung offenbart sich jedoch, dass die Studierende in ihren Ausführungen zu dem „Praxistag" vor allem eine große Distanz zwischen ihrem Studienalltag und dem Berufsalltag des Lehrers konstruiert: Durch eine geradezu groteske Auratisierung der schulischen Praxis zeigt sie, dass diese für sie lebensweltlich in weiter Ferne liegt. Ihr Plädoyer für einen Praxistag kann entsprechend nicht als Ausdruck eines realistischen Wunsches nach einer vorbereitenden Annäherung an den zukünftigen Berufsalltag gelesen werden, sondern es liegt ihm

---

7   Studierende; Master Lehramt an Gymnasien; Geographie/Sport; 1. Semester

eher ein diffuses Bedürfnis zu Grunde, den Anschluss an die vertraute Welt des
Schulischen nicht zu verlieren.

Fallrekonstruktion

Bevor die erste Sequenz kontextfrei interpretiert wird, sei kurz der Interviewkontext grob umrissen, aus dem der obige Transkriptausschnitt stammt.

Die obigen Ausführungen folgen auf eine Passage, in der die interviewte Studierende einer grundsätzlichen Zufriedenheit mit den beiden Fächern ihres Studiums Ausdruck verleiht. In diesem Zusammenhang ist es ihr jedoch auch noch
wichtig zu erwähnen, dass sie bei aller Zufriedenheit mit ihrem Studium doch den
Praxisbezug als noch verbesserungswürdig empfindet. Eben hier verweist sie auf
Freunde, die an einer Universität studieren würden, an der Lehramtsstudierende
semesterbegleitend einen Tag in der Woche an einer Schule verbringen würden.
Um die Beschreibung dieser Form des Praxisbezugs im Lehramtsstudium geht es
in der Sequenz:

ähm die haben beispielsweise einmal in der Woche einen Tag

Auf den ersten Blick scheint die Teilsequenz *einmal in der Woche einen Tag* bloß
eine uninteressante, beliebige Zeitangabe zu beinhalten: Es wird von etwas wöchentlich Stattfindendem berichtet.

Tatsächlich ist die Formulierung *einmal in der Woche einen Tag* jedoch sehr
aussagekräftig bezüglich der Frage, welche Bedeutung das jeweils wöchentlich
Stattfindende für Personen im Kontext ihrer Wochenplanung hat. Denn das, wofür
man *einmal in der Woche einen Tag* hat, ist etwas, das *gegen den Alltag* eingerichtet und durchgesetzt werden muss.

Betont eine Person etwa, dass sie *einmal in der Woche einen Tag brauche,
um sich richtig zu entspannen,* so setzt dies voraus, dass sie diesen wertvollen
Entspannungstag gegen starke gegenläufige Ansprüche ihres beruflichen Alltags
durchsetzen muss. Diese Implikation lässt sich insbesondere aus der Redundanz
ableiten, die in der Formulierung **einmal in der Woche einen Tag** im Kontrast zu
inhaltlich ähnlichen, jedoch wesentlich lapidareren Formulierungen wie *einmal
die Woche* oder *jede Woche* steckt. Im Kontrast zu diesen Formulierungen zeigt
der Sprechakt *einmal in der Woche einen Tag,* dass ein Sprecher dem Alltag gewissermaßen den entsprechenden Tag für etwas, das ihr persönlich wichtig ist,
abtrotzen muss.

Was bedeutet diese Gegenüberstellung starker Alltagsansprüche und eines dem Alltag entzogenen Tages in der ersten Sequenz für den vorliegenden Kontext, in dem es, um die zweite Sequenz gleich hinzuzuziehen, um Lehramtsstudierende geht, die *einmal in der Woche einen Tag (haben) an dem sie in die Schule gehen*?

Auf manifester Bedeutungsebene lässt sich natürlich schnell abgreifen, dass die Studierende die Institution eines während des Semesters wöchentlich an einer Schule verbrachten Tages als ein Positivmodell vorstellen möchte. Sie bedient mit ihrer Aussage das Bild einer als lästig empfundenen Theorielastigkeit des Lehramtsstudiums, dem an der Universität, von der sie berichtet, einmal wöchentlich die unmittelbare Erfahrung von Praxis entgegengestellt wird. Sie akzeptiert mit dem Sprechakt *einmal in der Woche einen Tag in die Schule gehen* dabei implizit den grundsätzlich theoretischen Charakter des Studiums. Die Einrichtung eines „Praxistages" würde jedoch eine schöne Erholung von der als schmerzlich empfundenen Ferne zur schulischen Praxis im Alltag des Studiums darstellen.

An dieser Erholung ist auf der latenten Bedeutungsebene ihrer Äußerung zweierlei auffällig. Zum einen ist diese gepaart mit der Einnahme einer Schülerrolle. Denn ausschließlich Schüler können davon sprechen *in die Schule zu gehen*. Das lässt vermuten, dass in der Vorstellungswelt der Studierenden ein wichtiger Aspekt der erholsamen Qualität des Praxistags darin besteht, dass dieser eine kurzzeitige Rückkehr in die wohlig-vertraute Welt der Schule erlaubt, wo die Anstrengungen des Studienalltags kurzzeitig vergessen werden können.

Zum anderen, und noch entscheidender für die weitere Interpretation, ist jedoch, dass in der Figur, die Schule als Stätte der Erholung einzuführen, eine interessante innere Distanz von der schulischen Praxis erkennbar wird, die aus der Struktur der Gegenüberstellung von Studienalltag und Praxistag implizit folgt. Denn wenngleich die Studierende mit dem Sprechakt *die haben einmal in der Woche einen Tag an dem sie in die Schule gehen* im Kontext des Interviews natürlich zum Ausdruck bringen will, dass sie eine regelmäßige Anbindung an die schulische Praxis als Vorbereitung auf den Lehrerberuf auch für sich als wünschenswert erachten würde, gibt sie tatsächlich doch zu verstehen, dass ihr Wunsch nach einem Praxistag sich nicht zu einem Wunsch verlängern lässt, vollständig in die Welt des Schulischen hinüberzuwechseln. Der Attraktivität *eines* Praxistages *einmal* in der Woche entspricht sozusagen kehrseitig, dass die schulische Praxis für sie als Alltag aktuell noch nicht in Frage kommt.

Diese These, dass die Idee einer wöchentlichen Anbindung an die schulische Praxis von der Studierenden latent gar nicht als Modell einer vorbereitenden Annäherung an den Alltag des Lehrerberufs vorgestellt wird, gilt es im weiteren Verlauf zu prüfen.

In der folgenden Sequenz präzisiert die Studierende ihre Angaben aus den ersten beiden Sequenzen:

also beispielsweise der Freitag ist dann immer reserviert für einen Schulbesuch.

Mit erstaunlicher Konsequenz reproduziert sich in dieser Sequenz die Struktur, dass die Studierende die Idee des „Praxistages" als eine herausgehobene Form der Theorie-Praxis-Verzahnung zu loben versucht, während sie zugleich zum Ausdruck bringt, dass die wöchentliche Anwesenheit an einer Schule in ihrer Vorstellungswelt lediglich den Charakter eines nichtalltäglichen, der Erholung dienenden wöchentlichen Ereignisses hat.

Die Erholungsfunktion des Praxistages zeigt sich in der Aussage *der x-tag ist dann immer reserviert für …* unmittelbar darin, dass hier, genau wie im Falle der Formulierung *einmal in der Woche einen Tag*, auf eine freizeitliche Aktivität *jenseits des Alltags* verwiesen wird, für die Personen in ihrer Wochenplanung extra einen Tag fest vorsehen. Für pflichtgemäße, berufsalltägliche Tätigkeiten kann dagegen kein Tag „reserviert" werden. Es wäre unsinnig davon zu sprechen, dass die Tage von Montag bis Freitag für die Arbeit reserviert seien. Der Grund dafür liegt darin, dass das *reservieren* betont, dass die entsprechend an einem Tag x immer fest eingeplante Tätigkeit gegen andere Ansprüche verteidigt werden muss – was „reserviert" ist, kann eben nicht mehr anderweitig „gebucht" werden. Eine solche Konkurrenz verschiedener Planungsoptionen ist jedoch nur an Tagen möglich, die nicht durch berufliche Pflichten schon besetzt sind.

Wie in der ersten Sequenz wird also auch in der zweiten Sequenz der „Praxistag", von dem die Studierende berichtet, als einer gerahmt, der in ihren Augen nur gegen die Ansprüche des Studienalltags als ihrem eigentlichen Alltag eingerichtet werden könnte.

Erneut zeigt sich damit, dass dem Plädoyer der Studierenden für einen allwöchentlich an einer Schule verbrachten Tag eine eigentümliche Distanz zur schulischen Praxis zu Grunde liegt. Denn bei aller Wertschätzung für die Erholung versprechenden freizeitlichen Aktivitäten, für die Personen einen Tag in der Woche reservieren, handelt es sich doch um solche, die sich nicht veralltäglichen lassen. Es mag schön sein, einen bestimmten Abend in der Woche immer dafür reserviert zu haben, um mit Freunden Skat zu spielen. Die Wertschätzung für diesen Abend lebt jedoch von seiner Nichtalltäglichkeit innerhalb der Woche. Die Vorfreude auf die Skatrunde lässt sich nicht vervielfachen zu einer Vorfreude auf eine tägliche Skatrunde. Sie bleibt eingebunden in den Rhythmus von Arbeit und Erholung.

Übertragen auf den vorliegenden Kontext bedeutet dies, dass die Wertschätzung, die die Studierende der Idee entgegenbringt, einen Tag in der Woche an einer Schule zu verbringen, implizit davon lebt, dass dieser Schulaufenthalt etwas Nichtalltägliches bleibt. Es zeichnet sich immer deutlicher ab, dass das Entscheidende an den Ausführungen der Studierenden darin besteht, dass diese sich nicht einen „Praxistag" wünscht, um sich möglichst schnell dem beruflichen Alltag des Lehrers anzunähern. Vielmehr scheint sie sich lediglich einfach gerne in der Nähe dieses schulischen Alltags aufzuhalten. Nichts in den Äußerungen der Studierenden spricht jedoch für einen Wunsch, dass sie ihren Studienalltag gegen den Alltag des Lehrerberufs eintauschen wollen würde.

Genau dies reproduziert sich unmittelbar in dem Wort *Schulbesuch*. Auch dieses bringt zum Ausdruck, dass die Studierende gegenüber einem allwöchentlichen Aufenthalt an einer Schule nur aufgeschlossen ist, solange dieser etwas Außergewöhnliches bleibt. So steht das Wort *Schulbesuch* sequenzlogisch an einer Stelle im Satz, an dem eigentlich diejenige freizeitliche Aktivität spezifiziert werden müsste, für die der Tag X immer reserviert ist. Diese Aktivität könnte etwa ein Skatabend sein (siehe oben), eine bestimmte sportliche Tätigkeit, ein WG-Abend, etc. Vor diesem Hintergrund drängt es sich jedoch auf, den Schulbesuch in seiner Wortbedeutung ernst zu nehmen. Auf latenter Ebene entspricht der Schul*besuch*, von dem die Studierende spricht, gewissermaßen eher einem Museums*besuch* als einer alltäglichen Anwesenheit (von Schülern!) an einer bestimmten Schule, auf die das Wort *Schulbesuch* durch seine semantische Nähe zu Formulierungen wie *ich besuche die Schule* auf den ersten Blick zu verweisen scheint.

Die Studierende fände es also zwar schön, so muss man ihre Äußerung interpretieren, einmal in der Woche eine Schule *als Gast zu besuchen*. Auf einen Wunsch, in der Schule beruflich möglichst schnell heimisch zu werden, verweisen ihre Äußerungen nicht. Wieder trifft man mit dem *Schulbesuch* also auf eine Anziehungskraft, die die Schule für die Studierende hat, die nur auf der Basis von Nichtalltäglichkeit besteht. Die Wertschätzung, die sie dem Modell eines semesterbegleitenden Praxistages entgegenbringt, ist weit entfernt von einer Logik der Vorbereitung auf den Berufsalltag eines Lehrers. Diesen kann sie sich, und genau dies scheint die innere Funktion der Nichtveralltäglichbarkeit ihres Interesses für die schulische Praxis zu sein, für sich selbst aktuell noch nicht vorstellen. Ihr Wunsch nach einer regelmäßigen Anbindung an eine Schule ist kein ausbildungslogisch motivierter, sondern ein diffus regressiver: Die Studierende scheint vor allem die wohlige Vertrautheit des Schulischen zu vermissen, weshalb sie sich eine regelmäßige Rückkehr an eine Schule als eine wünschenswerte Einrichtung im Lehramtsstudium vorstellt. Dieses Rückkehrbedürfnis hat jedoch nichts mit der Idee einer Berufsvorbereitung durch Praxiserfahrung zu tun.

Vor dem Hintergrund dieser Fallstrukturhypothese, dies sei der Vollständigkeit halber noch erwähnt, erhält auch der wöchentliche Praxistag, den sie bloß *beispielsweise* nennt, eine interessante Implikation.

Abgesehen von der auffällig passenden Wortbedeutung des *Frei-Tages* symbolisiert die Verlagerung des allwöchentlichen Schulbesuchs ans Ende der Arbeitswoche, besser als jeder andere Tag dies täte, die Nähe dieses Schulbesuchs zu freizeitlichen Aktivitäten. Ein am Montag an einer Schule verbrachter Tag würde die Praxiserfahrung unmittelbar in den Kontext der universitären Lehre im Sinne des Anspruchs stellen, dass die am Beginn der Woche gemachten praktischen Erfahrungen in die universitäre Lehre eingebracht und reflektiert werden sollten. Die universitäre Lehre hätte in diesem Bild gewissermaßen das letzte Wort. Ein Tag mitten in der Woche hätte überhaupt keinen heraushebenden symbolischen Stellenwert. Der Freitag dagegen evoziert als Assoziation unmittelbar, dass die Lehramtsstudierenden nach einem viertägigen Studienalltag aus den Pflichten des Studiums entlassen werden. Der wöchentliche „Schulbesuch" erscheint damit gewissermaßen als der regelmäßige Auftakt für ein verlängertes Wochenende.

In der folgenden Sequenz berichtet die Studierende nun davon, auf welchen Voraussetzungen die Institution eines „Praxistages" im Lehramtsstudium an der Universität ihrer Freunde beruht:

haben dann dementsprechend Kooperationen mit Schulen die das dann mit unterstützen

Die Struktur, dass die Studierende den Praxistag aus der Welt des Alltäglichen ausschließt und sie eben damit zum Ausdruck bringt, dass sie mit der Idee eines wöchentlich während des Semesters an einer Schule verbrachten Tages nicht den Wunsch verbindet, sich mit dem Berufsalltag des Lehrers als dem potentiell zukünftig eigenen Berufsalltag vertraut zu machen, setzt sich weiter stabil fort.

Zunächst verweist die vorliegende Sequenz auf manifester Bedeutungsebene natürlich vor allem darauf, dass die Studierende die Einrichtung eines Praxistags als eine herausgehobene Form eines Praxisbezugs im Studium vorstellt, zu dem sie aus der Sicht ihres Studiums neidisch hinüberblickt. Dies drückt sich vor allem in dem Sprechakt aus, dass die Schulen die Lehramtsstudierenden *mit unterstützen* würden, einen Tag in der Woche an einer Schule verbringen zu können. Denn die Formulierung, etwas *mit zu unterstützen*, verweist auf herausgehobene Projekte, denen ein besonderer gesellschaftlicher Wert beigemessen wird. Projekte zur Aufklärung über Aids können etwa in Kooperationen zwischen NGOs und staatlichen Einrichtungen afrikanischer Länder von letzteren *mit unterstützt* werden.

In der Herausgehobenheit des Unterstützenswerten reproduziert sich jedoch auf latenter Bedeutungsebene zugleich wieder das Moment, dass die Studierende die Schule als Ort einer nichtalltäglichen bzw. eigentlich muss man hier bereits sagen: außeralltäglichen Praxis thematisiert. Denn alltägliche Vorhaben werden selbstverständlich nicht von irgendwelchen Institutionen *mit unterstützt*.

Noch deutlicher wird die Distanz zum schulischen Berufsalltag dadurch, dass eine Institution oder Organisation nur solche Vorhaben sinnvoll *mit unterstützen* kann, die nicht in ihren ureigenen Aufgabenbereich fallen. Ein Radfahrer, der für die Einwerbung von Spendengeldern für einen guten Zweck ein Radrennen organisiert, kann von Unternehmen, die Radsportartikel produzieren, mit Sponsorengeldern unterstützt werden. Eine Person, die dagegen in einem solchen Unternehmen in der „Public-Relations-Abteilung" arbeitet, die also Teil des Unternehmens ist, könnte, wenn sie zu Werbezwecken ein Radrennen organisieren wollte, unmöglich von ihrem Arbeitgeber *mit unterstützt* werden. Unterstützt werden eben immer nur Personen bzw. Projekte, die nicht Teil der unterstützenden Instanz sind.

Für die vorliegende Formulierung, dass *die Kooperationen mit Schulen (haben) die das dann mit unterstützen*, bedeutet dies, dass die Studierende die Einrichtung eines semesterbegleitenden Praxistages nicht als etwas betrachtet, das die Schulen selbst (z.B. im Sinne einer Rekrutierung neuer Lehrer) betrifft. Es wird ihnen als Unterstützer vielmehr die Rolle von im Hintergrund agierenden Akteuren zugeschrieben. Sinnlogisch markiert die Studierende damit klar eine Grenze zwischen den Lehramtsstudierenden und der Institution Schule. Die wöchentliche Anwesenheit an einer Schule, so stellt die Studierende unmissverständlich auf latenter Bedeutungsebene klar, hat nicht zur Folge, dass Lehramtsstudierende ein Teil der Schule würden. Sie bleiben, um den Begriff des „Schulbesuchs" aufzugreifen, vielmehr Gäste.

und ühm das ist natürlich n ganz anderer Ansatz also wenn man das bereits als ich sag mal Alltag dann miterleben kann

In der letzten Sequenz des vorliegenden Interviewausschnitts spitzt sich die im Vorherigen herausgearbeitete These einer wertschätzenden Veraußeralltäglichung der schulischen Praxis, die keiner Annäherung an den Berufsalltag des Lehrers dient, sondern zwischen diesem und der Studierenden eine große Distanz markiert, nochmals zu.

Auf einer rein inhaltlichen Betrachtungsebene scheint die Aussage der Studierenden der rekonstruierten Fallstruktur auf den ersten Blick natürlich zu widersprechen: Sie behauptet ja explizit, dass es gerade die Möglichkeit der Erfahrung des *Alltags* der Schule sei, die einen semesterbegleitenden Praxistag auszeichne.

Damit scheint die bisherige Fallstrukturhypothese, dass ihr Plädoyer für einen Praxistag keine Bewegung hin zum Berufsalltag des Lehrers ist, klar falsifiziert.

Bei einer genaueren Betrachtung zeigt sich jedoch, dass sich auf latenter Bedeutungsebene die im Vorherigen vertretene These ungebrochen reproduziert. Die Aufrechterhaltung einer inneren Distanz zu der Vorstellung, der Schulalltag solle durch einen Praxistag möglichst bald ihr eigener werden, wird insbesondere deutlich, wenn man den von der Studierenden gewählten Sprechakt mit dem inhaltlich ähnlichen Sprechakt *das ist natürlich n ganz anderer Ansatz also wenn man bereits* **den** *ich sag mal* **Alltag** *dann* **kennenlernen** *kann* kontrastiert.

In diesem Falle läge tatsächlich ein Ausdruck eines Interesses vor, durch einen „Praxistag" während des Studiums Einblicke in den anvisierten beruflichen Alltag des Lehrers zu erhalten. Man hätte ein klares Modell einer Person vor Augen, die sich wünschen würde, sich bereits im Studium mit ihrem *eigenen* zukünftigen Berufsalltag vertraut zu machen.

Von einem solchen Interesse für den Alltag des Lehrerberufs als dem zukünftig eigenen Berufsalltag distanziert sich die Formulierung *wenn man* **das** *bereits* **als** *ich sag mal* **Alltag** *dann* **miterleben** *kann* gleich mehrfach.

Zunächst sticht das Wort *miterleben* ins Auge, das in deutlicher Spannung zum Wesen eines jeden Alltags steht: Denn das, was man *miterlebt*, kann immer nur etwas Fremdes sein. Hat eine Person Interesse daran, zu sondieren, ob ein bestimmter Beruf für sie in Frage kommt, so kann sie natürlich das Bedürfnis haben, den entsprechenden Berufsalltag *kennen zu lernen*. Dann geht es jedoch gerade um die Normalität des Berufsalltags, also darum, sich ein von idealisierenden Vorstellungen bereinigtes Bild eines Berufs zu machen. Den Alltag eines Berufs hat man gewissermaßen erst dann wirklich kennen gelernt, wenn man ihn nicht mehr als Erlebnis empfindet.

Dennoch gibt es natürlich durchaus einen Berufsalltag, den man *mit-erleben* kann – nämlich denjenigen *anderer Personen*. Sowohl die Zuschreibung einer Erlebnisqualität als auch das Präfix *mit* passen zu einem Sprechakt, mit dem eine Person über einen Einblick in einen Berufsalltag berichtet, der weit entfernt von ihrem eigenen Alltag liegt. Dabei muss es sich natürlich um vergleichsweise spektakuläre Berufe handeln. Ein Reporter könnte etwa, nachdem er für eine Dokumentation einige Zeit den beruflichen Alltag von Hubschrauberpiloten der Bergwacht begleiten konnte, sagen: *das war schon sehr beeindruckend diesen Berufsalltag mitzuerleben*. Das Maß an „Beeindrucktsein" wäre in diesem Fall dabei ein Gradmesser für die Kluft zwischen dem Alltag des Reporters und dem Berufsalltag des Hubschrauberpiloten.

Zum wiederholten Male trifft man in der Formulierung eines Alltags, den man *miterleben* kann, also auf die Figur einer Auratisierung der schulischen Praxis, durch die eine große Distanz zwischen dem Studienalltag der Studierenden und dem beruflichen Alltag von Lehrern hergestellt wird.

In dieselbe Richtung weist schließlich auch die Differenz zwischen den Formulierungen *den (beruflichen) Alltag (der Schule) mitzuerleben* und *einen Beruf als Alltag mitzuerleben.*

Einen Beruf *als Alltag* mitzuerleben, macht zunächst eine Differenz auf zwischen der Wahrnehmung eines Berufs *als Alltag* und *als Nichtalltag.* Es impliziert, dass ein Beruf, der für bestimmte Personen Alltag ist, es für andere nicht ist. Inhaltlich macht diese Differenz jedoch eigentlich nur dort Sinn, wo Personen über einen extremen beruflichen Alltag sprechen, den sie sich für sich selbst nicht vorstellen können. Ein Artikel über Kriegsfotografen könnte etwa mit dem folgenden, etwas reißerischen Titel überschrieben werden: *Krieg als Alltag.* Dieser Titel würde genau mit der Spannung spielen, dass die Extremsituation eines Krieges unglaublicherweise für manche Personen der Ort ihres beruflichen Alltags sei.

Wieder reproduziert sich also in der Rede der Studierenden davon, dass man durch einen „Praxistag" die schulische Praxis *als Alltag* miterleben könne, eine bewundernde Überhöhung des Lehrerberufs, die zugleich einer Distanzierung von der Vorstellung dient, sie könnte durch einen solchen Praxistag an den Berufsalltag des Lehrers herangeführt werden.

Abschließend sei noch darauf eingegangen, dass die Studierende, anstatt explizit über die unterrichtliche oder schulische Praxis zu sprechen, davon redet, dass es etwas ganz anderes sei, wenn man *das bereits als ich sag mal Alltag dann miterleben kann.*

Denn die Unbestimmtheit des *das* bringt im Zusammenhang mit dem *miterleben* sinnlogisch eine Art Sprachlosigkeit zum Ausdruck. Der Sprechakt etwa *Das mitzuerleben war …* kann sich nur auf erschütternd krisenhafte Erfahrungen im positiven wie im negativen Sinne beziehen, etwa Geburten, das Sterben von Personen, etc. Bezogen auf den schulischen Alltag heißt dies jedoch, dass die Formulierung *das als Alltag mitzuerleben* zum Ausdruck bringt, dass die Erfahrungen, von denen die Studierende sich vorstellt, dass sie während eines semesterbegleitenden Praxistages an einer Schule gemacht würden – wohlgemerkt an einer Institution, die ihr aus 13 Jahren Schulerfahrung eigentlich sehr vertraut sein sollte –, Extremerfahrungen seien, und keine, die sich in einen Alltag überführen ließen.

Diese Veraußeralltäglichung der beruflichen Anforderungen des Lehrers, die sich durch den ganzen hier interpretierten Transkriptausschnitt zieht, und die zum Ende hin fast schon grotesk überdehnt wird – unmittelbar nach dem obigen Ausschnitt spricht die Studierende davon, wie es sei, wenn *man einfach diese Praxis dann wirklich* **hautnah erlebt** – muss u.E. als eine Strategie interpretiert werden, die zwei widersprüchliche innere Ansprüche der Studierenden miteinander verbindet:

Zum einen kann die Studierende mit der Auratisierung der schulischen Realität nach außen den Eindruck erwecken, dass der Lehrerberuf eine starke Anziehungskraft für sie besitzt. Der berufliche Alltag des Lehrers wird von ihr nicht als durch langweilige Routinen gekennzeichnet, sondern als außergewöhnlich und spannend dargestellt. Zum anderen dementiert die Studierende mit ihrer Veräußeralltäglichung jedoch zugleich die Möglichkeit, dass ein Praxistag die Funktion für sie haben könnte, sie mit dem Berufsalltag des Lehrers vertraut zu machen. Sie stilisiert die schulische Realität vielmehr deshalb zu einer außeralltäglichen Realität hoch, um sich die Vorstellung, dass diese Realität potentiell der Ort des eigenen zukünftigen Berufsalltag sein könnte, auf Distanz zu halten.

Zusammenfassung

Wie auch in anderen Fällen in diesem Band arbeitet die Studierende des vorliegenden Falls an einer Praxiswunschfassade, die überdeckt, dass sie sich eigentlich gar nicht wünscht, schon im Studium an den Berufsalltag des Lehrers herangeführt zu werden. Sie bedient in ihrer Thematisierung des Modells eines „Praxistages" vielmehr lediglich die Imagerie, dass sie sich wie alle anderen Lehramtsstudierenden natürlich auch eine größere Nähe des Studiums zum schulischen Alltag wünschen würde. Tatsächlich sind ihre Äußerungen jedoch vor allem ein Ausdruck davon, dass der Berufsalltag des Lehrers für sie subjektiv in weiter Ferne liegt.

Dabei ist die Schule für sie – anders als bei denjenigen Fällen in diesem Band, bei denen sogar ein Widerstand gegenüber der schulischen Praxis rekonstruiert werden konnte – durchaus nicht ohne Anziehungskraft. Diese besteht jedoch vor allem in einem diffusen Bedürfnis, die Schule als Ort einer vertrauten Welt gelegentlich aufsuchen zu wollen; sie geht nicht von der Lehrerrolle aus, auf die sie ihr lehramtsbezogener Studiengang vorbereitet. Es ist vielmehr die „Welt des Schulischen", die für sie attraktiv ist, nicht der Beruf des Lehrers.

Dass die Äußerungen der Studierenden demgegenüber auf den ersten Blick als ein klares Plädoyer dafür erscheinen, während des Studiums einen möglichst engen Anschluss an die schulische Praxis haben zu wollen, um sich so mit dem zukünftigen eigenen Berufsalltag vertraut machen zu können, verdeutlicht erneut einen zentralen Wirkmechanismus der „Imagerie des Praxiswunsches": Diese schiebt sich wie eine Deutungsschablone über die Äußerungen der Studierenden, die das Individuierte an ihren Ausführungen, nämlich die eigentümliche Auratisierung der schulischen Praxis, normalisieren und die Studierende stattdessen als eine typische Befürworterin einer möglichst intensiven Einbindung des Berufsalltag des Lehrers in das Lehramtsstudium erscheinen lassen.

Wie es ist da vorne zu stehen 7

I: Ja ok ok (.) und wie würden Sie sich das Lehramtsstudium optimalerweise vorstellen oder was würden Sie sich wünschen?

S: Ja dass man vielleicht ähm auch einfach so zwei drei Praktika machen kann und soll ähm und ähhm ja eben dass das (.) pff (.) ja keine Ahnung eben in Didaktik halt zum Beispiel das is ja eigentlich dafür da dass wir das lernen wie das funktioniert mit Unterricht und ähhm aufbauen und so und dass da eben mehr Praxis mit drin ist das heißt dass man wirklich Aufgaben hat und die dann mit der ganzen Gruppe machen kann ähm und das quasi schon mal übt als Lehrer wie man wie es ist da vorne zu stehen ...

Fallvignette

Auch in diesem Fall[8] steht die Forderung nach einer größeren Anzahl von Praktika im Lehramtsstudium im Vordergrund. Diese Forderung wird flankiert von einer enttäuschten Kritik an den fachdidaktischen Lehrveranstaltungen im Rahmen des Lehramtsstudiums, deren Aufgabe in den Augen der Studierenden doch darin bestehen sollte, es Lehramtsstudierenden zu ermöglichen, zu üben, die Position eines Lehrers im schulischen Unterricht einzunehmen.

Auffällig ist dabei, dass die Studierende nicht in der Lage ist, ihrer Kritik, dass das Lehramtsstudium zu wenig an berufspraktischen Fragen orientiert sei, ein Positivmodell gegenüberzustellen. Ihre Forderung nach „mehr Praxis" ist vielmehr rein negativ bestimmt.

Bei genauerer Betrachtung der Ausführungen der Studierenden zeigt sich dabei der Grund für dieses Fehlen einer eigenen Vorstellung eines „besseren" Praxisbezugs im Lehramtsstudium: Sie hat Angst vor der exponierten sozialen Situation des Lehrers im schulischen Unterricht. Entsprechend kann sie unmöglich authentisch einen Praxis*wunsch* formulieren. Was ihrer Praxisforderung letztlich vor allem zu Grunde liegt, ist die Hoffnung, dass das Lehramtsstudium ihr helfen werde, ihr Unbehagen gegenüber der Einnahme der Lehrerrolle im schulischen Unterricht zu bearbeiten.

---

8   Studierende; FüBA/lehramtsbezogen; Englisch/Werte und Normen; 3. Semester

Fallrekonstruktion

Es ist in diesem Falle unabdingbar, sich vor der Rekonstruktion der Äußerung der Studierenden zunächst kurz der Frage der Interviewerin zuzuwenden. Durch das *Ja ok ok (.)* zeigt diese zunächst eine Schließung von etwas zuvor Verhandeltem an. Sie signalisiert, dass sie die vorangegangene Äußerung der Studierenden zur Kenntnis genommen und verstanden hat. Ihre dann folgende Frage erhält durch das bezugnehmende *und* in Kombination mit der Frage nach einer *optimalen* Gestaltung des Lehramtsstudiums den Charakter einer Aufforderung an die Studierende, gedankenexperimentell eine Konsequenz aus einer von ihr zuvor geäußerten kritischen Haltung zum Lehramtsstudium zu ziehen. Eine solche kritische Haltung ist die notwendige Voraussetzung dafür, um nach einem *besseren* Studium fragen zu können, da es keinen Sinn machen würde, etwa nach der Aussage „Ich bin mit dem Lehramtsstudium eigentlich sehr zufrieden" die Frage zu stellen: „Und wie würden Sie sich das Lehramtsstudium optimalerweise vorstellen?" In den Äußerungen vor dem angeführten Transkriptausschnitt muss also in irgendeiner Art und Weise deutlich geworden sein, dass zwischen der Realität des Lehramtsstudiums und den persönlichen Erwartungen der Studierenden eine Differenz besteht.

Betrachtet man nun genauer, *wie* die Interviewerin die Studierende dazu auffordert, ein in ihren Augen optimales Studium zu entwerfen (*und wie würden Sie sich das Lehramtsstudium optimalerweise vorstellen oder was würden Sie sich wünschen?*), so fällt die Gestaltungsoffenheit auf, die sie der Studierenden dafür lässt: Durch die Benutzung des Konjunktivs, das *wünschen* und das *optimalerweise* eröffnet sie der Studierenden die Möglichkeit, in einem Modus auf ihre Frage zu antworten, der explizit von Realitätsansprüchen entlastet ist. Sie gibt der Studierenden maximal viel Raum für eine ungehemmte Explikation ihrer ganz persönlichen Vorstellung eines idealen Lehramtsstudiums, die sie ohne Rücksichtnahme auf lästige Fragen der „Umsetzbarkeit" etc. ganz nach eigenem Geschmack skizzieren darf.

Kehrseitig zu dieser Freiheit setzt die Frage der Interviewerin die Studierende jedoch natürlich auch unter einen gewissen Bewährungsdruck. Denn indem sie diese auffordert, sich frei von Realitätszwängen ein Studium ganz nach Maß gedanklich zu entwerfen, kann diese sich dieser Anforderung eigentlich nicht wirklich entziehen. Wer die Realität des Lehramtsstudiums eben noch kritisiert hat, wird doch wohl – von allen Begründungslasten befreit – dazu in der Lage sein, umgekehrt auch explizieren zu können, von welchem subjektiven Ideal das Lehramtsstudium abweicht.

Die Studierende leitet ihre Vorstellung eines optimalen Lehramtsstudiums mit der Formulierung *ja dass man vielleicht ähm* ein. Während das *ja* noch versucht, das Nachfolgende als selbstevident und unproblematisch zu rahmen, verrät der Anschluss *dass man vielleicht ähm*, dass die Studierende offenkundig Schwierigkeiten damit hat, ein *Wunsch*lehramtsstudium zu entwerfen. Statt sich dankend den von der Interviewerin gewährten Raum zu nehmen, um genüsslich in einem Entwurf eines idealen Lehramtsstudiums zu schwelgen („Also ich fände es zum Beispiel super, wenn man parallel zum Studium ein paar Stunden in der Woche selbstständig unterrichten würde, etc."), leitet ihre Reaktion eher einen vorsichtigen, unverbindlichen Vorschlag ein, wie *vielleicht* ein optimales Lehramtsstudium aussehen könnte.

Die Frage der Interviewerin trifft also offenkundig statt auf einen Wunsch bezüglich der Ausgestaltung des Lehramtsstudiums, der nur darauf wartet, sich Ausdruck verschaffen zu dürfen, auf eine Wunschleere bei der Studierenden. Geht man auf der Grundlage der Frage der Interviewerin davon aus, dass die Studierende zuvor einen kritischen Standpunkt gegenüber ihrem Studium eingenommen hat, fällt damit eine interessante Asymmetrie ins Auge: Es fällt der Studierenden leichter, sich über die Verfasstheit des Lehramtsstudiums zu beklagen, als einen positiven Standpunkt zu mobilisieren, auf dem ihre kritische Haltung aufruht. Statt über eine Vorstellung eines besseren Studiums zu verfügen, von der die Realität abweicht und vor der die Realität eigentlich überhaupt erst kritikwürdig erscheinen kann, hängt ihre Kritik gewissermaßen standpunktlos in der Luft.

Damit stoßen wir auf ein Syndrom, das mit der Imageriehaftigkeit des Praxiswunsches unmittelbar zusammenhängt: Die für Lehramtsstudierende leicht zu mobilisierende Kritik an zu „wenig Praxis" im Studium ist, so kann man hier bereits vermuten, in keiner Weise an einen positiven Entwurf eines besseren Studiums gebunden. Wir haben es vielmehr mit einer Kritik zu tun, die nur diffus weiß, *dass* die Realität das Ideal eines Lehramtsstudiums unterbietet, aber nicht, worin dieses Ideal bestehen könnte.

In der nächsten Sequenz beginnt die Studierende inhaltlich darzulegen, worin ihrer Meinung nach *vielleicht* eine Verbesserung des Studiums bestehen könnte:

dass man vielleicht ähm auch einfach so zwei drei Praktika machen kann und soll

Der Wunsch der Studierenden fällt mit *zwei drei Praktika* im Hinblick auf die Offenheit der Frage der Interviewerin, und deren Interesse daran, wie für die Studierende ein Idealstudium aussehen würde, überraschend schlicht aus – hier werden keine Luftschlösser mit kleinen Seminaren, praxisnahen Inhalten und regelmäßigen Unterrichtserfahrungen gebaut. Vielmehr passt die Forderung nach *zwei drei Praktika* eher zu einem desinteressierten Gespräch über die Frage, wie viele Praktika innerhalb einer bestimmten Berufsausbildung absolviert werden müssten. So könnten Juristen oder Betriebswirtschaftler darüber plaudern, dass es günstig sei, während des Studiums *zwei drei Praktika* in verschiedenen Unternehmen bzw. Kanzleien zu absolvieren, weil dies die späteren Bewerbungschancen steigere. Das *zwei drei* würde in einem solchen Gesprächszusammenhang deutlich machen, dass die genaue Anzahl an Praktika dabei eigentlich egal sei, weil es ja nicht um Praktika als Möglichkeiten substanzieller Praxiserfahrungen gehe.

Übertragen auf den vorliegenden Kontext kann der lapidar geäußerte Wunsch nach *zwei drei Praktika* entsprechend nicht wirklich als Ausdruck eines subjektiv wichtigen Anliegens der Studierenden betrachtet werden. In Wahrheit ist ihr als unverbindliche Idee gerahmter Verbesserungsvorschlag nur ein Platzhalter für das Nichtvorhandensein einer Vorstellung, wie ein Studium optimalerweise aussehen könnte.

Dieses Fehlen einer Positivvorstellung von einem Lehramtsstudium kommt dabei nicht nur in der Formulierung *zwei drei Praktika* zum Ausdruck. Auch inhaltlich sind zwei bis drei Praktika das absolute Minimum, was überhaupt noch als „Wunsch" an das Lehramtsstudium durchgehen kann. Hätte die Studierende gefordert, dass man vielleicht *ein zwei Praktika machen kann und soll,* so hätte ihr im konkret vorliegenden Fall geantwortet werden können, dass doch bereits zwei Praktika in ihrem Studium vorgesehen seien. Lediglich das Ins-Spiel-Bringen der Option, *drei* Praktika zu absolvieren, überbietet minimal die Realität ihres Studiums. Ihr Versuch *mehr Praxis* in Form von *mehr Praktika* zu fordern, geht also den kleinstmöglichen Schritt über das hinaus, was ihr Studium an Praxiserfahrung in Form von Praktika sowieso für sie vorsieht.

Wie lässt sich diese Zurückhaltung erklären? Wie kann eine Studierende sich der allgemeinen Kritik an der Praxisferne des Lehramtsstudiums anschließen, dann zugleich aber nur ein Minimum an „mehr Praxis" fordern, wenn sie die Gelegenheit erhält, sich ein *Wunsch*studium frei zu entwerfen?

Einen möglichen Ansatzpunkt für eine Erklärung für diesen Widerspruch liefert die Studierende in der Formulierung *dass man vielleicht zwei drei Praktika machen kann **und soll**.* Der Sprechakt *dass man vielleicht zwei drei Praktika machen **kann*** hätte authentisch zum Ausdruck bringen können, dass die Studierende sich wirklich mehr Praktika *wünscht.* Sie hätte mit dieser Formulierung größere Freiräume (z.B. zeitliche) für Studierende eingefordert, damit diese häufiger Praktika absolvieren könnten. Das *kann* hätte dabei impliziert, dass es der Studierenden nicht um eine Veränderung der Studienordnung oder so etwas ginge, sondern darum, dass Studierenden mehr Möglichkeiten eröffnet werden sollten, *freiwillig* mehr Praktika zu absolvieren.

Diese Implikation bricht mit dem merkwürdig angehängten *und soll* in sich zusammen. Denn die Grundlage für die Erhöhung der Anzahl an Praktika in dem Sprechakt *dass man zwei drei Praktika machen* **soll** ist nicht eine freiwillige Beteiligungsbereitschaft, sondern eine institutionelle Verpflichtung von Studierenden. Der Versuch, ein praktikumsreicheres Studium als einen Wunsch darzustellen, transformiert sich damit jedoch in einen Entwurf eines Studiums, in dem Studierende dazu gedrängt werden sollten, auch gegen ihren Willen bzw. gegen ihr „Wünschen" mehr Praktika zu absolvieren.

Interessant an diesem Widerspruch ist vor allem, dass die Forderung nach einer stärkeren institutionellen Verpflichtung nicht wie eine Fehlleistung gegen die Aussageintention der Studierenden in ihrer Äußerung durchbricht und dann von ihr korrigiert wird, wie etwa im Falle des Sprechakts *dass man vielleicht ähm auch einfach so zwei drei Praktika machen* **soll bzw. kann**. Eine solche Korrektur wäre einfach ein Ausdruck dafür gewesen, dass die Studierende sich manifest darum bemühen würde, einen Wunsch vorzubringen, ihr latent jedoch das Gegenteil einer Wunschartikulation unterlaufen würde.

Der tatsächliche Fall liegt hier anders: Nachdem bereits ein gültiger, wenn auch schwacher, Praxiswunsch vorgebracht wurde, wird dieser ohne Not durch einen geradezu irritierenden Nachschub, der eine stärkere institutionelle Verpflichtung von Studierenden, mehr Praktika zu absolvieren, fordert, unterlaufen. Die Studierende hat, so muss man dieses ansonsten unnötige Nachschieben des *und soll* interpretieren, die Notwendigkeit einer institutionellen Verpflichtung von Lehramtsstudierenden, den Praxisanteil ihres Studiums zu erhöhen, klar vor Augen. Der Gedanke, dass die Absolvierung von Praktika nicht unbedingt eine Wuncherfüllung darstellt, ist nicht innerlich tabuisiert, so dass er kaschiert werden muss, sondern er ist bewusstseinsfähig, entspricht also ihrem subjektiven Empfinden.

In der Folgesequenz gerät das Bemühen der Studierenden, ein optimales Lehramtsstudium zu skizzieren, das ihren persönlichen Wünschen entsprechen würde, mächtig ins Stocken: *ähhm und ähm ja eben dass das (.) pff (.) ja keine Ahnung.*

Mit der Formulierung *ja eben dass das* wagt die Studierende nach einer kurzen Klemme noch einmal einen letzten Versuch einer Fortführung ihrer Vorstellung eines optimalen Studiums. Dieser endet jedoch in einer Sackgasse: *(.) pff (.) ja keine Ahnung.* Die Forderung von *zwei drei Praktika* kann von der Studierenden also in keiner Weise, weder durch ausbildungslogische Argumente noch durch die Explikation subjektiver Erwartungen, die sie an ihr Studium richtet (was im Kontext des Wunsches nicht verwerflich wäre), weiter elaboriert werden.

Damit bestätigt sich die weiter oben bereits formulierte These, dass die Studierende sich zwar an der allgemeinen Kritik am Lehramtsstudium zu beteiligen vermag, jedoch grundlegend damit überfordert ist, dieser Kritik eine konkrete Vorstellung eines besseren Studiums gegenüberzustellen. Es wird auch immer deutlicher, dass ihre Minimalforderung, die Anzahl an Praktika im Studium auf *zwei drei Praktika* zu erhöhen, nicht wirklich der Ansatz einer solchen konkreten individuellen Positivvorstellung sein kann, den die Studierende im Folgenden ausarbeiten wird. Diese steht vielmehr stellvertretend für ein substanzielles Fehlen einer Vorstellung davon, wie ein für sie zufriedenstellendes Lehramtsstudium ausgestaltet sein müsste. Die Studierende hätte bei der Frage nach dem optimalen Lehramtsstudium statt mehr Praktika anzuführen gewissermaßen genauso gut einen höheren Anteil an Erziehungswissenschaften, ein Praxissemester, praxisnähere Studieninhalte etc. fordern können, da sie hinter keiner Forderung wirklich steht. Diese dienen ihr lediglich dazu, einen akklamationsfähigen Negativstandpunkt beziehen zu können.

Genau diese Negativorientierung in ihrer Haltung zum Studium kommt in der folgenden Sequenz überdeutlich zum Ausdruck:

eben in Didaktik halt zum Beispiel das is ja eigentlich dafür da

Nach ihrem gescheiterten Versuch, ein optimales Studium gedanklich zu entwerfen, richtet sich die Studierende, so zeigt diese Sequenz, sofort wieder in der Rolle der Kritikerin des Lehramtsstudiums ein. In dieser Rolle fühlt sie sich offenkundig deutlich wohler. Hier hat sie wieder eine Ahnung, was der Interviewerin vortragen kann.

Was sie dabei vorträgt, kommt jedoch etwas überraschend. Ohne sich um eine geschmeidige Überleitung zu bemühen, wendet sie sich nach der Äußerung ihres „Wunsches" nach mehr Praktika unmittelbar dem Thema Didaktik kritisch zu. Diese werde im Lehramtsstudium ihrer Meinung nach zweckentfremdet (*das is ja eigentlich dafür da*), wobei die genaue Art dieser Zweckentfremdung von ihr erst im Folgenden benannt wird.

Der unvermittelte Sprung vom Thema Praktika zum Thema Didaktik, macht erneut das Imageriehafte, Assoziative der Rede der Studierenden deutlich. Er zeigt, dass die Studierende über keinen gedanklich durchgearbeiteten, konkreten Standpunkt bezüglich der Verfasstheit ihres Studiums verfügt. Sie kennt lediglich die typischen Themenkomplexe, die im Kontext einer Kritik an einer fehlenden Praxisnähe des Lehramtsstudiums angesprochen werden können, ohne dass sie wirklich eine substanzielle Kritik zu formulieren vermag.

Dies scheint uns das Zentralbedeutsame des vorliegenden Falls zu sein. Er zeigt überdeutlich, wie „schamlos" die universitäre Lehre im Rahmen des Lehramtsstudiums von Lehramtsstudierenden kritisiert werden kann, ohne dass diese ihrer Kritik irgendeinen ernsthaften Standpunkt zu Grunde legen müssten. Der Fall wirft ein Licht darauf, dass die Klage, das Lehramtsstudium sei zu praxisfern und man bräuchte endlich „mehr Praxis", nichts weiter als eine „Parole" darstellt, die leichtfertig geäußert werden kann, weil sie nicht weiter begründet werden muss. Die Studierende verkörpert also gewissermaßen in purifizierter Form eine Diskurskultur, in der es angemessen erscheint, jeglichen diffusen Unzufriedenheiten mit dem Lehramtsstudium verbal freien Lauf zu lassen, ohne dabei eine Verantwortung dafür übernehmen zu müssen, sich den Gründen dieser Unzufriedenheiten ernsthaft zu stellen.

dass wir das lernen wie das funktioniert mit Unterricht und ähhm aufbauen und so

Die Studierende führt nun weiter aus, worin ihrer Ansicht nach die Zweckentfremdung der Didaktik bestehe. Diese sei *eigentlich* dazu da, *dass wir das lernen wie das funktioniert mit Unterricht und ähhm aufbauen und so.*

Mit diesem Sprechakt stoßen wir endlich auf eine fallspezifisch-individuelle Motivlage, die unterhalb der unbeholfenen Forderung der Studierenden nach „mehr Praxis" liegt. So fällt eine erstaunliche Distanziertheit der Studierenden gegenüber der schulischen Praxis ins Auge: Die doppelte Unbestimmtheit dessen, was ihrer Ansicht nach in didaktischen Veranstaltungen eigentlich gelernt werden sollte (durch die beiden *das*), verweist auf eine grundlegende Fremdheit, die die Studierende subjektiv gegenüber dem beruflichen Handeln des Lehrers empfindet. Hätte sie der Didaktik die Aufgabe zugewiesen *dass wir lernen wie ein Unterrichtsaufbau funktioniert,* so wäre dies zwar, wie die vorliegende Formulierung auch, Ausdruck einer sehr technischen Haltung gegenüber dem schulischen Unterricht gewesen. Doch immerhin hätte sie damit gezeigt, dass sie über ein klares Bild von der schulischen Praxis verfügen würde, und sie konkret wisse, was sie noch lernen müsse, um unterrichten zu können.

Im Unterschied dazu zeigt die Formulierung *dass wir das lernen* und *wie das funktioniert mit Unterricht,* dass die Studierende vor der schulischen Praxis wie vor einem unerklärlichen Rätsel steht. Denn wer lernen möchte *wie das funktioniert mit X,* dem ist dieses X eine fremde Welt. Es handelt sich um einen Sprechakt, der zu Situationen passt, in denen Personen sich für ihren Beruf etwa mit bestimmten technischen Neuerungen auseinandersetzen: *Ich will das lernen, wie das funktioniert mit content management und so, damit ich meine Homepage in Zukunft selbst updaten kann.* Vorausgesetzt wäre in diesem Beispiel, dass die Person keinerlei Vorerfahrung mit „content management" und auch sonst nur vage Vorstellungen davon hat.

Im Kontrast dazu stehen Situationen, in denen Personen ein klares Bild und ein grundlegendes Vorverständnis von dem haben, was sie lernen wollen. So wäre es absurd, würde eine Person während der Ausbildung zum Gerüstbauer sagen *er wolle das lernen wie das funktioniert mit dem Gerüstbau,* weil man davon ausgehen müsste, dass das Gerüstbauen für die Person eben eine vertraute Welt sei.

Übertragen auf den vorliegenden Kontext impliziert die Formulierung der Studierenden *dass wir das lernen wie das funktioniert mit Unterricht* also, dass „Unterricht" für sie etwas ist, von dem sie keine Ahnung hat, von dem sie also nicht weiß, was ihn im Innersten zusammenhält. Sie sieht bloß staunend von außen, *dass* Unterricht in der schulischen Praxis funktioniert. Wie dieses Funktionieren jedoch zustande kommt, ist ihr und, so unterstellt sie, auch ihren Kommilitonen (*wir*) völlig unbegreiflich.

Das ist erklärungsbedürftig. So gehört der Lehrerberuf doch zu denjenigen Berufen, bezüglich derer eigentlich alle erwachsenen Menschen in modernen Gesellschaften qua ehemaliger Schülerrolle über eine unmittelbare Anschauung verfügen. Eben diese Tatsache begründet ja auch, weshalb man nicht selten auf einen Lehramtsstudierendentypus stößt, der durch eine Überidentifikation mit der aus der Schulzeit bereits bekannten Lehrerrolle das Lehramtsstudium in der Haltung eines „fertigen Lehrers" bzw. „alten Hasen" (siehe etwa Fall II in diesem Band) absolviert. Der schulische Unterricht eignet sich, anders formuliert, besonderes wenig dazu, als eine berufliche Praxis thematisiert zu werden, zu der am Ausbildungsbeginn eine große lebensweltliche Fremdheit besteht. Das Gegenteil ist der Fall. Eher steht das Lehramtsstudium vor dem Problem, dass die unterrichtliche Praxis den Studierenden so vertraut ist, dass es diesen schwerfällt, in eine professionelle Distanz zu dieser zu treten.

Wie lässt sich demgegenüber die Distanziertheit, von der aus die Studierende auf die schulische Praxis blickt und die in der vorliegenden Sequenz so deutlich zum Ausdruck kommt, deuten?

U.E. verweist sie darauf, dass für die Studierende die Einnahme der Lehrerrolle subjektiv in weiter Ferne liegt. Anders als der Typus des mit der Lehrerrolle überidentifizierten Lehramtsstudierenden liegt im vorliegenden Fall zwischen der Studierenden und der Lehrerrolle eine große Kluft. Diese ist es, die sich unterhalb ihrer Forderung nach „mehr Praxis" als ein Unbehagen gegenüber ebendieser Praxis äußert, und um deren Bearbeitung es der Studierenden in ihrer Praxisforderung eigentlich geht.

Damit erhält man nun rückwirkend auch ein starkes Motiv, weshalb die Studierende in ihrem Entwurfsversuch eines besseren Studiums mit zwei bis drei Prak-

tika nur minimal „mehr Praxis" fordert als ihr Studium sowieso für sie vorsieht:
Um sich der allgemeinen Praxisparole anzuschließen, muss sie zwingend mehr als
zwei Praktika fordern, sonst bliebe ihre Praxisforderung hinter der Realität zurück. Ihr Unbehagen gegenüber dieser Praxis hindert sie jedoch daran, authentisch
eine substanzielle Ausweitung des Praxisanteils von ihrem Studium zu verlangen:
Als Kompromissbildung wünscht sie sich daher *zwei drei Praktika*.

und dass da eben mehr Praxis mit drin ist

In dieser Sequenz treibt die Studierende das Imageriehafte ihre Praxisforderung
auf die Spitze.

Nachdem sie in der vorherigen Sequenz den in ihren Augen *eigentlichen* Zweck
didaktischer Lehrveranstaltungen angegeben hat, muss sie im Kontext der Aufforderung zum Entwurf eines optimalen Studiums nun eigentlich zwingend im Folgenden angeben, wie didaktische Lehrveranstaltungen ihrer Ansicht nach gestaltet
sein müssten, damit sie diesem Zweck gerecht werden könnten. Ihr diesbezügli-
cher Vorschlag lautet: *dass da eben mehr Praxis mit drin ist*.

Die Unsinnigkeit dieser Forderung wird deutlich, wenn man sich vergegenwär-
tigt, dass die Formulierung „in einem X sollte mehr Y enthalten sein" nur sinnvoll
gebraucht werden kann, wenn sowohl X als auch Y als Parameter feststehen und
dem Interaktionspartner bekannt sind. Dies ist bei der Forderung *in Didaktik sollte
mehr Praxis drin* sein nicht der Fall, handelt es sich doch im vorliegenden Fall um
eine Studierende, die im Rahmen einer Untersuchung interviewt wurde, in der
unter anderem die Frage, worin für Studierende eigentlich „mehr Praxis" besteht,
erst geklärt werden soll. Etwas überspitzt könnte man die Aussage der Studierenden entsprechend auf die Formel bringen: *Mehr Praxis ist für mich wenn mehr
Praxis drin ist*.

Zusätzlich zu dieser Tautologie ist natürlich auch die Idee, dass „Praxis" wie
eine quantifizierbare Zutat etwas Anderem beigemischt werden könnte, nicht halt-
bar. Die Studierende, so scheint es, kann nicht nur nicht präzise angeben, wie ein
in ihren Augen praxisnäheres Idealstudium ausgestaltet sein müsste, sie scheint
vielmehr ganz elementar über keinen Begriff von Praxis zu verfügen. Die Forderung nach „mehr Praxis" ist nichts anderes als eine Parole, die für nichts steht und
doch in jedem Zusammenhang als positiver Bezugspunkt in Anspruch genommen
werden kann.

*das heißt dass man wirklich Aufgaben hat und die dann mit der ganzen Gruppe
machen kann*

Zumindest zeigt die Studierende in dieser Sequenz, dass sie die inhaltliche Leere
ihrer bisherigen Ausführungen registriert: Mit dem Sprechakt *Das heißt* kündigt
sie eine Konkretisierung und Präzisierung ihres vorangegangenen Wunsches an.
Was dann folgt ist jedoch alles andere als eine Klärung, was sie genau dar-
unter versteht, dass *mehr Praxis in der Didaktik drin* sein sollte. Vielmehr folgt
eine Aussage, die eher die Tautologie *mehr Praxis ist wenn mehr Praxis drin ist*
fortsetzt. So stellt die Forderung *dass man wirklich aufgaben hat und die dann
mit der ganzen gruppe machen kann* schlicht eine Pseudo-Konkretisierung ihrer vorherigen Äußerung dar. Der Begriff der „Aufgabe" rekurriert zwar auf eine
vermeintlich konkrete Form der (unterrichtlichen) Tätigkeit. Was jedoch damit
gemeint sein soll, *wirklich Aufgaben zu haben*, die man *mit der ganzen Gruppe
machen kann*, ist schlicht nicht nachzuvollziehen. Auch hier wird das Imageriehafte der Praxisforderung der Studierenden wieder überdeutlich: Die Klärung ihres zuvor formulierten Wunsches nach mehr Praxis erfolgt über eine nebulöse und
pseudopräzisierende Forderung, deren Substanzlosigkeit ihr einzig deshalb nicht
sofort um die Ohren fliegt, weil sie in einer hinreichenden assoziativen Nähe zu
etwas steht, das sich nach einem Wunsch nach mehr Praxis anhört. Die akklama-
tionserzwingende Kraft, die ihre Äußerungen durch ihre „Praxisaffinität" für sich
beanspruchen können, erlauben es ihr, sprunghaft-assoziativ das Thema zu wech-
seln (von Praktika zu Didaktik), ein Verständnis von „mehr Praxis" tautologisch
zu bestimmen und eine nicht-verständliche Konkretisierung dessen vorzunehmen,
was unter dieser tautologischen Bestimmung zu verstehen ist.

ähm und das quasi schon mal übt als Lehrer wie man wie es ist da vorne zu stehen …

Dass sich nun auch zwischen den *wirklichen Aufgaben*, die Lehramtsstudierende
mit der ganzen Gruppe machen könnten, und dem Wunsch, *schon mal zu üben als
Lehrer da vorne zu stehen* keine klare Verbindung besteht, liegt auf der Hand. Am
ehesten lassen sich die Ausführungen der Studierenden mit der Idee in Verbindung
bringen, dass Lehramtsstudierende in didaktischen Lehrveranstaltungen die Möglichkeit erhalten sollten, vor ihren Kommilitonen die Rolle des Lehrers spielerisch
einzunehmen, wobei diese dann in die Rolle der Schüler schlüpfen sollten (ganz
ähnlich wie die Forderung in Fall IV in diesem Band). Eine klare Artikulation
dieses Wunsches ist die Äußerung der Studierenden allerdings nicht.
Interessanter als diese Fortsetzung des imageriehaften Redens ist jedoch etwas
anderes. So kommt in der letzten Sequenz des vorliegenden Transkriptausschnitts
erneut die Fremdheit und Distanz zum Ausdruck, die die Studierende unterhalb
ihrer Forderung nach „mehr Praxis" gegenüber der Lehrerrolle und der unterrichtlichen Praxis empfindet. Die Formulierung *schon mal zu üben als Lehrer da vorne*

zu stehen verweist darauf, dass es vor allem die *soziale Dimension* der Lehrerrolle ist, die sie innerlich beschäftigt. Sie sorgt sich nicht um konkrete Fähigkeiten, die das Unterrichten voraussetzt, oder um didaktisch-methodische Aspekte der Unterrichtsplanung, sondern um das diffuse Unbehagen *wie es ist als Lehrer da vorne zu stehen*, also um die *Exponiertheit* des vor den Schülern stehenden Lehrers.

Die Formulierung *da vorne stehen*, an der dies deutlich wird, ist dabei von einer merkwürdigen Distanz-Präsenz-Ambivalenz gekennzeichnet. *Da vorne* ist zunächst einmal das, was man aus sicherer Distanz betrachtet. So könnte etwa ein Opernbesucher sich fragen, wie es wohl wäre, *da vorne* auf der Bühne zu stehen. Er würde mit dieser Frage zu verstehen geben, dass er sich nicht im Entferntesten vorstellen kann, wie es sich wohl anfühlte, auf einer Opernbühne zu stehen. Ein auftrittserfahrener Opernsänger könnte sich dagegen dieselbe Frage nicht sinnvoll stellen.

Zusätzlich zu dieser Betonung einer großen Distanz, die die Studierende zwischen sich und der Lehrerrolle sprachlich konstruiert, fällt im vorliegenden Fall auf, dass das *Vorne*, auf das sich die Studierende bezieht, in der aktuellen Gesprächssituation gar nicht präsent ist, da das Interview nicht in einem Klassenraum geführt wurde. Es fehlt im Kontext des Interviews vielmehr für das hinweisende *da* ein eindeutiger Bezugspunkt. Eigentlich hätte die Studierende sagen müssen *wie es ist vor einer Schulklasse zu stehen*.

Wie lässt sich die tatsächliche Unbestimmtheit des *da* in ihrer Rede erklären? U.E. muss dieses als Ausdruck davon verstanden werden, dass der Studierenden das Unbehagen, das ihr die Vorstellung von der exponierten sozialen Situation des Lehrers im Unterricht bereitet, innerlich derart präsent ist, dass sie selbst in der Interviewsituation, die äußerlich weit von dieser exponierten Situation entfernt ist, wie selbstverständlich auf dieses *da vorne* Bezug nimmt. In dem Sprechakt der Studierenden kommen gewissermaßen sowohl das Bedürfnis nach einem Distanzhalten zur Exponiertheit der Lehrerrolle als auch die innere Gegenwärtigkeit, die diese Situation in ihrer inneren Realität für sie hat, zum Ausdruck.

Zusammenfassung

Der vorliegende Fall ist für das Grundanliegen dieses Bandes, das Imageriehafte aufzuzeigen, das dem Wunsch nach „mehr Praxis" in lehramtsbezogenen Diskursen eigen ist, gleich in doppelter Hinsicht aufschlussreich.

Zum einen zeigt er, wie sprunghaft, tautologisch und diffus diese Bezugnahme ausfallen kann, weil ihr kein durchgearbeiteter Standpunkt zu Grunde liegen muss. Ihre wesentliche Stoßrichtung ist eine kritische: Was auch immer an „mehr

Praxis" gefordert wird, entscheidend ist lediglich, dass diese Forderung auf eine defizitäre praxisferne universitäre Welt verweist. Im vorliegenden Fall offenbart sich diese Negativorientierung darin, dass die Studierende nicht in der Lage ist, einen eigenen Positivstandpunkt zu entwerfen, sie dafür jedoch umso selbstverständlicher auf ganz verschiedene vermeintliche Praxisdefizite ihres Studiums zu sprechen kommt.

Zum anderen sind die Ausführungen der Studierenden für den Imageriekomplex auch deshalb interessant, weil sich, wie auch in anderen Fällen dieses Bandes, unterhalb ihres pauschalen Bekenntnisses zu „mehr Praxis" im Studium gewissermaßen residual eine ganz individuelle Angst Ausdruck verschafft. Diese Angst, die Angst der Studierenden vor der Exponiertheit der sozialen Position des Lehrers im Unterricht, ist es, die es eigentlich verdienen würde, ernst genommen zu werden. Indem diese Angst sich jedoch in einem Gerede äußert, das von sich behauptet, dass es ihm um einen stärkeren Praxisbezug im Studium geht, wird sie letztlich zum Schweigen gebracht.

Fachwissenschaften, viel zu viel
und viel zu kompliziert

8

... also da ist Fachwissenschaften (.) viel zu viel irgendwie un-und auch viel (betont) zu kompliziert (Tonmelodie auf) (.) für meine Begriffe also au-auch überflüssig (betont) wirklich dass man dass man Sachen macht die man später keinem Schüler mehr beibringt wirklich auch in der Oberstufe nicht ...

Fallvignette

Dieser Fall[9] bietet die Gelegenheit, eine konkrete Variante der vermutlich am weitesten verbreiteten Kritik unter Lehramtsstudierenden genauer zu analysieren. Ein Studierender beschwert sich darüber, dass die fachlichen Inhalte, die er im Rahmen seines Lehramtsstudiums studieren müsse, über das hinausgingen, was er später in der Schule für den Unterricht brauche. Es handelt sich bei dieser bekannten Kritik um eine, die im Kern eine fehlende Ausdifferenzierung zwischen Lehrveranstaltungen für Lehramtsstudierende und Fachstudierende an der Universität beklagt.

Zielt diese Kritik inhaltlich auf eine Verringerung des fachwissenschaftlichen Anteils des Lehramtsstudiums zugunsten einer verstärkten Hinwendung zu lehramtsspezifischen Anteilen, offenbart sich im vorliegenden Fall auf latenter Bedeutungsebene ein anderer Motivationszusammenhang: Es geht dem Studierenden eigentlich gar nicht darum, ein stärker auf lehramtsspezifische Bedürfnisse zugeschnittenes Studium absolvieren zu wollen, sondern es verschafft sich in seinen Äußerungen eine tiefsitzende Ablehnung der wissenschaftlichen Haltung, die in den fachwissenschaftlichen Anteilen seines Studiums von ihm abverlangt wird, Ausdruck. Der Fall gewährt dabei einen Einblick in die Selbstgerechtigkeit, mit der auf Grundlage eines diffusen Ressentiments gegenüber dem Universitären vermeintliche Praxisansprüche erhoben werden können, die doch letztlich nichts

---

9   Studierender; FüBA/lehramtsbezogen; Politikwissenschaft/Mathematik; 3. Semester

anderes als Ausdruck einer tiefen Verunsicherung gegenüber einer als fremd empfundenen intellektuellen Welt sind.

Fallrekonstruktion

... also da ist Fachwissenschaften

Der Transkriptausschnitt beginnt mit einem Sprechakt, der auf ein allgemeines Charakteristikum der Perspektive von Lehramtsstudierenden an der Universität verweist: Nur diese sind in ihrem Studium systematisch mit der Differenz zwischen fachwissenschaftlichen Studienanteilen und solchen, die einen Lehramtsbezug aufweisen, konfrontiert.

Bemerkenswert an der Referenz auf die fachwissenschaftlichen Studienanteile im Lehramtsstudium im vorliegenden Fall ist der eigentümliche Verzicht auf den Artikel und die Bündelung aller Fachwissenschaften zu einer einzigen bei gleichzeitiger Pluralbildung: *da ist Fachwissenschaften.* Was sich in dieser Formulierung an fallspezifischer Haltung des Studierenden zu dem fachwissenschaftlichen Anteil seines Studiums ausdrückt, wird insbesondere im Kontrast zu dem nur leicht abgeänderten Sprechakt *also hier sind die Fachwissenschaften* sichtbar, mit dem der Studierende ebenfalls auf den fachwissenschaftlichen Anteil des Lehramtsstudiums hätte verweisen können.

Dieser Vergleichssprechakt wäre etwa in einer Studienberatungssituation als Ausdruck einer gedanklichen und sprachlichen Sortierungs- bzw. Strukturierungsleistung wohlgeformt denkbar. Man könnte sich etwa vorstellen, dass ein Studienberater einem Studierenden, der sich allgemein bezüglich des Ablaufs eines Lehramtsstudiums informieren wollen würde, unter Verweis auf ein beiden vorliegendes Schaubild den Aufbau des Lehramtsstudiums folgendermaßen grob erläutern würde: *also hier sind die Fachwissenschaften, hier die Fachdidaktiken und hier sind Erziehungswissenschaft und Psychologie.*

Eine solche Erläuterung würde eine Art gedankliches Abschreiten der verschiedenen Anteile des Lehramtsstudiums darstellen. Dabei würden die verschiedenen Studienanteile ohne Wertung nebeneinander betrachtet. Sie hätten gewissermaßen alle ihre eigene Berechtigung im Gesamtaufbau des Lehramtsstudiums.

Diese eigenständige Berechtigung des fachwissenschaftlichen Studienanteils schwächt der Sprechakt *also da ist Fachwissenschaften* gleich doppelt. Zum einen gelingt es dem Studierenden im Verweis auf die Fachwissenschaften nicht, deren Perspektive einzunehmen. Er kann sich nicht von dem *hier,* von dem er in der Interviewsituation spricht, lösen, um sich gedanklich auf den Standpunkt der

Fachwissenschaften zu stellen, sondern er weist auf sie als etwas Entferntes hin (*da*).

Noch deutlicher wird die Abwertung des fachwissenschaftlichen Anteils seines Studiums jedoch durch die Spannung zwischen dem Singular des *ist* und der Pluralbildung im Begriff der *Fachwissenschaften* in Kombination mit dem Weglassen des bestimmten Artikels. Mit dieser merkwürdigen sprachlichen Figur schlägt der Studierende nicht nur die Möglichkeit aus, die beiden von ihm studierten Fächer konkret zu benennen (z.b.: *also da/hier ist Politikwissenschaft und Mathematik*) – was, wenn er mit diesen einigermaßen identifiziert wäre, sich durchaus anbieten würde. Er entzieht sich vielmehr jeglicher disziplinärer Zugehörigkeit. In dem Verweis *da ist Fachwissenschaften* erscheint der fachwissenschaftliche Anteil seines Studiums nicht als ein aus konkreten „Fachindividuen" bestehender, wie im Falle des Sprechakts *also da **sind die** Fachwissenschaften*, sondern seine Fächer stehen ihm als ein amorphes fachwissenschaftliches Gebilde gegenüber.

Es deutet sich damit an, dass die Perspektive des Studierenden auf sein Studium dadurch geprägt ist, dass seine spezifische Fächerkombination kein besonderes Identifikationspotential für ihn birgt. Ob er nun Politikwissenschaft, Germanistik, Physik, Geschichtswissenschaft, Mathematik oder sonst ein Fach studiert: In seiner inneren Realität bilden seine beiden Fächer lediglich einen undifferenzierten Fachwissenschaftsblock.

Diese Fremdheit gegenüber dem fachwissenschaftlichen Anteil bedeutet jedoch, dass der Studierende sich vermutlich an der konstitutiv in Fächer gegliederten Universität nicht beheimaten kann. Selbst wenn man argumentieren würde, dass sein Identifikationsschwerpunkt ja auch auf den lehramtsbezogenen Studienanteilen liegen könnte, so bliebe ja immer noch das Problem, dass der fachwissenschaftliche Studienanteil der zentrale und auch umfanglogisch bedeutsamste Anteil des Lehramtsstudiums darstellt. Indem der Studierende mit diesem nichts anzufangen weiß, ist er dazu verdammt, den Großteil seines Studiums in einer inneren Distanz zur Universität zu absolvieren. Die fachwissenschaftlichen Lehrveranstaltungen, die er, will er später den Beruf des Lehrers ergreifen, zwingend besuchen muss, kann er gewissermaßen, so muss man annehmen, nur absitzen, ohne die Gelegenheit zu ergreifen, sie als intellektuelle Bereicherung wahrzunehmen.

… also da ist Fachwissenschaften (.) viel zu viel irgendwie

Den fachwissenschaftlichen Studienanteil empfindet der Studierende als *viel zu viel*. Das ist vor dem Hintergrund der bisherigen Interpretation wenig überraschend. Bemerkenswert ist dagegen die Urteilssicherheit, mit der er seine Einschätzung vorbringt und die in der rhetorischen Übertreibungsfigur des gedoppelten *viel* liegt. Würde etwa jemand unter Anleitung einer backerfahrenen Person einen Kuchen backen und diese beim Versuch, einen Teig zu machen, fragen, ob sie genügend Zucker für den Teig abgewogen habe, so könnte die angesprochene Person, im Falle einer zu großen Menge Zucker, mit dem Sprechakt reagieren: *Viel zu viel!* Sie würde damit zeigen, dass sich die angesprochene Person nicht nur leicht, sondern deutlich verschätzt habe. Anders als im Falle der sachlich nüchternen Feststellung *das ist deutlich zu viel* würde sie außerdem mit dem „Ausruf" *viel zu viel* gewissermaßen spielerisch-dramatisierend eine Geste des Hände-über-dem-Kopf-Zusammenschlagens zum Ausdruck bringen. Es geht dem Sprechakt *viel zu viel* sozusagen nicht einfach um eine bloße Feststellung eines Zuviels, sondern darum, anderen Personen eine grobe Fehleinschätzung unter die Nase zu reiben, die dem Sprecher geradezu unerklärlich erscheint und ihm selbst natürlich niemals unterlaufen wäre.

Bezogen auf den vorliegenden Kontext bedeutet dies, dass der Studierende sein Urteil über den Umfang des fachwissenschaftlichen Anteils nicht in einem Modus der vorsichtigen und differenzierten Kritik vorbringt, sondern er sich anmaßt, eine in seinen Augen offenkundige Irrationalität des Lehramtsstudiums zu benennen. Wer auch immer den Umfang des fachwissenschaftlichen Studienanteils festgelegt habe, der habe sich nach Meinung des Studierenden aber mal so richtig verschätzt.

An dieser Implikation ändert auch der Zusatz *viel zu viel **irgendwie*** nichts. Der wesentliche Unterschied zu dem Sprechakt *viel zu viel* liegt darin, dass das *irgendwie* markiert, dass das Urteil des Studierenden ein diffuses ist. Während es bezogen auf das obige Backbeispiel unmöglich wäre, wenn jemand angesichts einer zu großen Menge Zucker ausrufen würde *viel zu viel irgendwie*, weil es sich dabei um ein einfaches Wahrnehmungsurteil handelt, zeigt der Studierende, dass ihm bewusst ist, dass er sein überdeutliches und verallgemeinerndes Urteil über einen so komplexen Sachverhalt wie den Aufbau des Lehramtsstudiums eigentlich begründen können müsste. Mit dem Zusatz *irgendwie* entlässt er sich aus dieser Verantwortung. Klar benennbare Gründe für seine Einschätzung hat er nicht zur Hand.

un-und auch viel (betont) zu kompliziert (Tonmelodie auf)

In der folgenden Sequenz setzt der Studierende seine Pauschalkritik am fachwissenschaftlichen Studienanteil weiter fort. Dieser habe nicht nur einen zu großen Umfang, er sei auch noch *viel zu kompliziert*.

In dieser Einschätzung reproduziert sich unmittelbar die Inanspruchnahme einer Urteilssicherheit. So könnte mit dem Sprechakt *viel zu kompliziert* etwa ein erfahrener Ingenieur in einem Ingenieurbüro auf die Vorlage eines etwas umständlichen Lösungsversuchs eines noch unerfahrenen Kollegen reagieren. Er würde damit zum Ausdruck bringen, dass die vorgelegte Lösung zwar womöglich nicht grundsätzlich technisch falsch sei, jedoch das Prinzip verletze, dass gute Lösungen einfach zu halten seien. Wie schon das *viel zu viel* in der vorangegangenen Sequenz geht es dem Sprechakt dabei nicht um eine nüchterne Feststellung von Kompliziertheit, sondern darum, anderen gegenüber zum Ausdruck zu bringen, dass sie das Ziel der Einfachheit deutlich verfehlt haben, und dass dem Sprecher selbst auf Grund seiner Erfahrenheit ein solcher Fehler niemals unterlaufen wäre.

Bezogen auf den Studierenden bedeutet dies, dass dieser sich mit dem Ausruf *und auch viel zu kompliziert* als ein Verfechter des Einfachen in Szene zu setzen versucht. Als solcher zieht er ganz allgemein klar strukturierte Lösungen solchen, die viele Aspekte berücksichtigen und dadurch womöglich unnötig differenziert ausfallen, vor („Warum kompliziert, wenn es auch einfach geht"). Die Gestalter des Lehramtsstudiums, vor allem des fachwissenschaftlichen Anteils, hätten sich dagegen, so seine Kritik, offensichtlich für eine übermäßig komplizierte Anlage des Lehramtsstudiums entschieden.

Interessant ist dabei allerdings, dass die Einschätzung des Studierenden *da ist Fachwissenschaften – viel zu kompliziert* sich natürlich nicht nur als Kritik an einer vermeintlichen Kompliziertheit des fachwissenschaftlichen Studienanteils im Kontext des Gesamtaufbaus des Lehramtsstudiums lesen lässt, sondern auch als eine Kritik an den Inhalten fachwissenschaftlicher Lehrveranstaltungen. In dieser Kritik verbinden sich jedoch zwei in Spannung stehende Momente:

Zunächst stellt eine Kritik daran, dass die wissenschaftlichen Fächer es sich in ihrer Auseinandersetzung mit der Welt unnötig kompliziert machen würden, eine Anmaßung dar, hat er sich als Studierender ja noch gar nicht in ein Fach wirklich hineinarbeiten können. Insofern steht es ihm nicht zu, an den universitären Fächern, die sich als wissenschaftliche Disziplinen konstitutiv mit komplexen Sachverhalten zu beschäftigen haben, zu monieren, dass deren Theorien das Prinzip der Einfachheit verletzen würden (man stelle sich etwa einen Erstsemesterstudierenden im Fach Physik vor, der an der Relativitätstheorie kritisieren würde, dass diese *viel zu kompliziert* sei).

Zu dieser Anmaßung gesellt sich jedoch implizit auch das Eingeständnis, dass der Studierende nicht in der Lage ist, sich die Inhalte seiner Fächer anzueignen. Zwar ist die Feststellung *viel zu kompliziert* als Sprechakt manifest natürlich Ausdruck einer Kritik an den Fachwissenschaften. Der Sache nach lässt sich die Aussage, bezogen auf die Inhalte seines Studiums, jedoch eigentlich nur auf die Erfahrung übertragen, dass es ihm nicht gelingt, in die Welt der komplexen Theorien einzudringen, die ihm seine Fächer anbieten. In dem Sprechakt *viel zu kompliziert* laufen also zwei gegenläufige Tendenzen zusammen: zum einen ein arrogantes

Sich-über-die-Fächer-Erheben, und zum anderen eine tiefe Verunsicherung, ein implizites Eingeständnis einer kognitiven Überforderung.

An dieser Deutung ändert auch die aufsteigende Tonmelodie seiner Äußerung nichts. Denn diese ist nicht Ausdruck einer unsicheren Nachfrage, sondern sie entspricht lediglich dem Tonfall eines nörgelnden Aufzählens, bei dem am Ende jedes aufgezählten Elements ebenfalls die Tonmelodie ansteigt.

(.) für meine Begriffe

Das nachgeschobene *für meine Begriffe* ist nun ein Versuch, die Implikationen der vorangegangenen Äußerungen etwas zu relativieren.

Der Studierende zeigt mit der vorliegenden Sequenz, dass er ahnt, dass er sich mit seinen verallgemeinernden Aussagen etwas zu weit aus dem Fenster gelehnt hat. Selbst der Schutz der Imagerie des Praxiswunsches, der es Studierenden sonst ermöglicht, leichtfertig und ohne die Angabe durchgearbeiteter Begründungen eine Praxisferne des Studiums zu kritisieren, reicht nicht aus, um eine solch pauschale Kritik am fachwissenschaftlichen Anteil des Studiums zu legitimieren. Dies scheint der Studierende zu spüren und bemüht sich, zumindest etwas zurückzurudern, indem er zu betonen versucht, dass er für seine Einschätzung keine allgemeine Geltung beansprucht, sondern diese nur für ihn persönlich gilt.

Auffällig an dieser Korrektur ist, dass der Studierende mit der Formulierung *für meine Begriffe* implizit jedoch nach wie vor Allgemeinheitsansprüche erhebt. Denn anders als nachgeschobene Formulierungen wie *finde ich* oder *in meinen Augen*, die tatsächlich zum Ausdruck gebracht hätten, dass der Studierende sich bewusst sei, dass andere Studierende natürlich zu einer anderen subjektiven Einschätzung des fachwissenschaftlichen Studienanteils als er gelangen könnten, akzeptiert der Sprechakt *für meine Begriffe* lediglich, dass in einer aktuellen Diskurssituation verschiedene Sichtweisen existieren. Diese anderen Sichtweisen, so glaubt er, gehen jedoch am Allgemeinen der Sache vorbei. So spielt der Sprechakt *für meine Begriffe* ja mit der Spannung, dass bezüglich eines Begriffsallgemeinen in einer Diskussionssituation unterschiedliche subjektive Verständnisse vorliegen können. Die höfliche Betonung jedoch, dass wohl ein unterschiedliches subjektives Verständnis von einem Begriff vorliegt, lässt nicht davon ab, dass die jeweilig eigenen Begriffe des Sprechers in dessen Augen die adäquateren sind.

Die Relativierung der Kritik des Studierenden erweist sich damit als eine, die lediglich dem Umstand Rechnung trägt, dass ihm durchaus bewusst ist, dass seine Ansicht vom fachwissenschaftlichen Anteil des Lehramtsstudiums nicht überall geteilt wird. Was ihm nicht gelingt, ist, zu akzeptieren, dass bezüglich der Sichtweise auf den fachwissenschaftlichen Studienanteil natürlich ganz unterschiedliche legitime Einschätzungen existieren; etwa auch solche, die am Umfang und an der „Kompliziertheit" des fachwissenschaftlichen Anteils des Lehramtsstudiums nichts auszusetzen haben.

also au-auch überflüssig (betont) wirklich

Etwas überraschend erweitert der Studierende seine Kritik um einen weiteren Aspekt: Diese seien zu viel, zu kompliziert und *auch überflüssig.* Es stellt sich hier zunächst die Frage, weshalb der Studierende überhaupt noch einen zusätzlichen Kritikpunkt anführt, anstatt etwa dazu überzugehen, seine vorangegangene Kritik näher zu erläutern. Denn Erläuterungsbedarf gäbe es genug. U.E. muss dieses Nachschieben weiterer Kritik als Ausdruck eines tiefsitzenden Ressentiments des Studierenden gegenüber seinen Fächern betrachtet werden, das sich in der Interviewsituation, in der er explizit den Raum erhält, sich ausführlich zu seinem Studium äußern zu dürfen, danach drängt, sich Luft zu verschaffen. Der Studierende schafft es sozusagen in der vorliegenden Sequenz nicht mehr, sich sachlich nüchtern zu dem fachwissenschaftlichen Anteil seines Studiums zu äußern, weil sich in ihm eine zu große Unzufriedenheit aufgestaut hat, die sich nun entladen muss. Er nutzt die Gelegenheit der Interviewsituation, um alle negativen Attribute, die ihm ad hoc zur Charakterisierung des fachwissenschaftlichen Studienanteils einfallen, loszuwerden.

Zu dieser Emotionalisiertheit passt natürlich auch das beschwörende *wirklich.* Mit diesem reagiert der Studierende auf einen antizipierten Zweifel bei dem Interviewer. Als hätte dieser die Augenbrauen gehoben, verleiht er seinem Urteil noch einmal Nachdruck: *Bitte glauben Sie mir. Ich übertreibe nicht. Der fachwissenschaftliche Studienanteil ist tatsächlich so überflüssig wie ich es gerade behaupte* – so in etwa könnte man das *wirklich* paraphrasieren.

Was impliziert jedoch sein Urteil, dass Fachwissenschaften *überflüssig* seien? Logisch setzt die Rede von einem Überflüssigen voraus, dass dieses Überflüssige zu etwas Anderem hinzukommt, das jedoch bereits eine bestimmte Aufgabe hinreichend gut erfüllt. Liegt in einer Kleinstadt bereits eine gute Verkehrsanbindung vor, kann man etwa den Bau einer zusätzlichen Schnellstraße als überflüssig erachten. Damit ist gesagt, dass die Funktion, die diese Schnellstraße erfüllen würde, grundsätzlich durchaus wichtig sei, dass jedoch bereits Straßen vorhanden seien, die diese Funktion gut erfüllten.

Wie können vor dem Hintergrund dieser Implikation die Fachwissenschaften bzw. die fachwissenschaftlichen Inhalte *überflüssig* für einen Lehramtsstudierenden erscheinen? Tatsächlich gibt es für diese Einschätzung nur eine logische Erklärungsmöglichkeit: Der Studierende meint bereits über ein ausreichendes fachwissenschaftliches Wissen zu verfügen, das er als Gymnasiallehrer braucht. Die Aneignung zusätzlichen Wissens hält er daher für *überflüssig*.

Neben der Reproduktion eines völligen Fehlens einer identifikatorischen Bindung des Studierenden an seine Studienfächer zeichnet dieser mit der Rede von den überflüssigen Fachwissenschaften damit das Bild eines Lehrers, der für seinen Beruf gewissermaßen ausschließlich das wissen müsste, was er auch unterrichten würde. Jedes Mehr an Wissen sei vielleicht nicht schädlich, aber eben auch nicht notwendig.

In diesem Bild, das seine Suggestivkraft einer vergegenständlichten Trivialvorstellung von Wissensvermittlung verdankt – nämlich der, dass Personen, die über ein bestimmtes Wissen verfügen würden, genau dieses Wissen auch an andere weitergeben könnten –, ist die Möglichkeit vollständig getilgt, dass die Rolle des Lehrers mit der Anforderung verknüpft sei, ein (an der Universität angeeignetes wissenschaftliches) Fach gegenüber Schülern im schulischen Unterricht würdig zu repräsentieren. Stattdessen wird die Lehrerrolle zu einer Art Tutorenrolle degradiert: Was den Lehrer zum Lehrer macht ist lediglich, dass er den Schülern einen winzigen Wissensschritt voraus ist. Mehr nicht.

Genau dieses Modell entfaltet der Studierende in der folgenden Sequenz explizit:

dass man dass man Sachen macht die man später keinem Schüler mehr beibringt wirklich auch in der Oberstufe nicht ...

Zunächst sei der manifeste Gehalt der Äußerung des Studierenden näher betrachtet. Dieser betont, dass die Inhalte fachwissenschaftlicher Lehrveranstaltungen deshalb überflüssig seien, weil diese nicht identisch mit den Inhalten seien, die in der Schule unterrichtet würden, weil sie selbst über das hinausgingen, was in den höchsten Klassenstufen unterrichtet würde. Der Studierende fordert damit implizit einen lehramtsspezifischen fachwissenschaftlichen Studienanteil, dessen Inhalte einzig aus den Inhalten des schulischen Curriculums bestehen sollten. Lehrer werde man in seinen Augen dadurch, dass man den Schülern minimal bei der Wissensaneignung voraus sei.

Auffällig an dieser an sich schon anti-intellektuellen Haltung ist, dass der Studierende sie mit einem grundlegenden Ressentiment gegenüber dem Wissen, das seine Fächer ihm zu bieten haben, grundiert. Seine Forderung nach einer Beschränkung fachwissenschaftlicher Inhalte auf das schulische Curriculum ist nicht Ausdruck davon, dass er es kaum erwarten kann, endlich unterrichten zu dürfen, weshalb er sich nicht unnötig lange mit „überflüssigem" Wissen aufhalten möchte – eine solche Haltung hätte sich etwa in dem Sprechakt *Ich fände es viel interessanter, zu lernen, wie man das Wissen, das man schon hat, gut vermittelt ausdrücken können.* Sondern seine Haltung ist dadurch gekennzeichnet, dass in ihr eine grundlegende Abneigung gegen das Wissen seiner Fächer vorherrscht. Der Studierende wendet sich nicht von den Fachwissenschaften ab, weil er sich pädagogisch optimistisch möglichst schnell didaktischen Fragen der Wissensvermittlung zuwenden möchte, sondern es dominiert in ihm das Ressentiment.

Dies lässt sich vor allem an dem Ausdruck *dass man Sachen macht* ablesen. Im Kontrast zu alternativen Formulierungen, mit denen er ebenfalls eine „Überflüssigkeit" der fachwissenschaftlichen Inhalte hätte kritisieren können (*dass man sich mit Themen beschäftigt, die ...; dass man sich mit Gegenständen auseinandersetzt, die ...; dass man Theorien behandelt, die ...;* etc.), ist der Ausdruck *dass man Sachen macht* der vermutlich abschätzigste, der im Rahmen einer Interviewsituation noch geäußert werden kann. So verweist die explizite Unbestimmtheit des Hinweises auf *Sachen* auf ein Motiv des Nicht-Aussprechen-Wollens: Während man etwa in einer biografischen Rückschau davon sprechen kann, *dass man Sachen gemacht hat,* auf die man *nicht* stolz ist, macht es keinen Sinn zu sagen: *Ich habe in meinem Leben Sachen gemacht, auf die ich stolz bin.* Wer von *Sachen* spricht, die er gemacht hat oder machen muss, möchte nicht weiter über diese „Sachen" reden.

In der Formulierung des Studierenden, *dass man Sachen macht* in fachwissenschaftlichen Lehrveranstaltungen, verwendet er also einen maximal abwertenden Ausdruck für die Inhalte des fachwissenschaftlichen Anteils seines Studiums.

Interessant ist, dass dieses Ressentiment des Studierenden einem Ressentiment entspricht, das man von Schülern kennt. So ähnelt die Aussage des Studierenden den bekannten Aussagen von Schülern, die einen grundlegenden Zweifel am Sinn des schulischen Wissens anmelden, wie etwa in der folgenden Aussage:

Ich sehe nicht ein, wozu ich Dinge tun muss, die absolut wirklichkeitsfern sind und sowieso nie wieder gebraucht werden[10]

Im Unterschied zum Verhältnis des Studierenden zu seinem Studium ist eine solche ablehnende Haltung von Schülern gegenüber dem schulischen Wissenserwerb jedoch zumindest noch in einer gewissen Hinsicht nachvollziehbar. Das utilita-

---

10 Wernet, A. (2003): Pädagogische Permissivität. Schulische Sozialisation und pädagogisches Handeln jenseits der Professionalisierungsfrage. Opladen: Leske & Budrich, S. 143.

ristische Argument des Schülers würde ja ausformuliert heißen: *Ich wäre grund-sätzlich bereit, mich der verpflichtenden und für mich persönlich anstrengenden und freudlosen Wissensvermittlung im Unterricht zu stellen, jedoch nur unter der Bedingung, dass ich eine berufliche Verwertbarkeit in ihnen erkennen kann.* Der entsprechende Schüler würde mit einer solchen Äußerung also zeigen, dass ihm die Idee, dass Bildung von Anderen auch als ein Wert an sich betrachtet werde, zwar fremd sei, er jedoch durchaus mit der Idee des verwertbaren Wissens etwas anfangen könne. Man hätte einen Schüler vor sich, der in seinem adoleszenten Protest gegen die Schule eine zweckrationale Haltung zum schulischen Wissens-erwerb gegen einen darüberhinausgehenden, herausgehobenen Bildungsanspruch auszuspielen versuchen würde.

Während nun eine solche Fremdheit gegenüber der Welt der Bildung bei Schü-lern von der Schule wohl oder übel akzeptiert werden muss, liegt eine problemati-sche Konstellation vor, wenn sich Lehramtsstudierende, als zukünftige Repräsen-tanten der Bildungsinstitution Schule, gegen die Idee der Bildung wenden. Genau dies tut jedoch der Studierende des vorliegenden Falls: Seine zweckrational be-gründete Kritik am fachwissenschaftlichen Anteil seines Studiums ist nicht etwa in einem positiven Entwurf eines Studiums verankert, das der Idee der Bildung durch eine Konzentration auf die lehramtsspezifischen Studienanteile verpflichtet ist, sondern seine Äußerungen sind primär einem starken inneren Drang geschul-det, einem diffusen Unbehagen an den Inhalten seines fachwissenschaftlichen Stu-dienanteils – zu viel, zu kompliziert, überflüssig – Ausdruck zu verschaffen.

Es liegt keine besondere Übertreibung darin, wenn man den vorliegenden Fall durch den inneren Widerspruch charakterisiert, dass hier jemand, der von einem typisch schülerhaften Ressentiment gegenüber der Welt der Bildung beseelt ist, selbst eine Berufsrolle anvisiert, die wie keine zweite mit der Anforderung verbun-den ist, die Welt der Bildung gegenüber Schülern zu repräsentieren.

Zusammenfassung

Bezogen auf den theoretischen Fokus des Bandes auf die „Imagerie des Praxis-wunsches" von Lehramtsstudierenden ist am vorliegenden Falls vor allem bemer-kenswert, dass die Äußerungen des Studierenden sich überhaupt als Praxiswunsch verstehen dürfen und nicht als das, was sie eigentlich sind: Ausdruck einer inneren Distanz zur Welt der Bildung. Trotz des sich in der Kritik des Studierenden äu-ßernden Ressentiments, das dieser gegenüber dem fachwissenschaftlichen Anteil seines Studiums hegt und das das Gravitationszentrum seiner Haltung zu seinem Studium bildet, kann dieser darauf vertrauen, dass seine Äußerungen im Kontext der Forderung nach „mehr Praxis" im Lehramtsstudium als Ausdruck eben dieser allgemein als legitim anerkannten Forderung verstanden werden.

Geradezu ironisch das, was hinter dieser vermeintlichen Forderung steht: So hat sich der Studierende mit dem Anvisieren des Lehrerberufs, zumal des Berufs des Gymnasiallehrers, dafür entschieden, Schülern in seinem Berufsleben systematisch im Medium der Inhalte derjenigen Fächer zu begegnen, denen er selbst nichts abgewinnen kann. Damit liegt eine berufsbiografische Konstellation vor, die kaum gut gehen kann, und die lediglich deshalb nicht offen zu Tage liegt, weil sich die Ablehnung der Idee der Bildung durch den Studierenden als eine Orientiertheit an Praxisnähe tarnt, obwohl dem Studierenden das Wesen dieser Praxis zutiefst zuwider ist.

Praxiswunsch und Lehrerbildung

Abschließende Bemerkungen

Der rote Faden, der sich durch alle hier vorgestellten Fallrekonstruktionen zieht, zeigt sich als Problem der universitären Selbstbeheimatung im Sinne einer fehlenden Aneignung der Studierendenrolle. Der Wunsch, die universitäre Ausbildung möge berufspraktisch bedeutsam sein, entspricht eigentlich dem Wunsch nach einer *nichtuniversitären* Ausbildung, nach einer Form der Ausbildung, die in der Sphäre des Schulischen verbleibt. Steht schon das Berufsmotiv als solches unter dem Vorzeichen des Verbleibs in dem trotz des Wechsels von der Schüler- zur Lehrerrolle vertrauten Handlungsraum Schule und verweist dieses Motiv schon deshalb auf einen gewissen Provinzialismus, als es mit der Abwendung von anderen gesellschaftlichen Sphären der beruflichen Selbstverortung einhergeht, wird noch die universitäre Welt, selbst Bestandteil des Bildungssystems, als fremd empfunden.

Aus dieser Perspektive stellt sich für die universitäre Lehrerbildung eine einfache Frage: Will sie diesem Syndrom folgen und es unterstützen, oder will sie sich diesem Syndrom entgegenstellen? Will sie sich der Formsprache des Schulischen anverwandeln oder pocht sie auf die Eigenlogik des Universitären? Die so gestellte Frage liegt quer zu der Art und Weise, in der üblicherweise das Theorie-Praxis-Problem diskutiert wird. Die Theorie-Praxis-Debatte läuft sich an dem Problem heiß, ob und welche Theorie für welche Praxis nützlich oder vorbereitend sei und welche Praxis welche Theorie benötige. Bemerkenswert an diese Debatte ist, dass sie trotz allem Bemühen um begriffliche Präzisierungen (etwa bezüglich des Theorie- und des Praxisbegriffs) und konstitutionstheoretischen Klärungen (etwa der

Hinweis auf die Nichtüberbrückbarkeit des Theorie-Praxis-Hiatus) bei floskelhaften Postulaten stehen bleibt. Es handelt sich um begriffliche Glasperlenspiele rund um Verhältnissetzungen im semantischen Feld von Theorie, Praxis und Vermittlung. Diese sind insbesondere für ein *Verständnis von Interaktionspraxen*, die vor dem Anspruch einer Vermittlung von Theorie und Praxis stehen, nicht erhellend, weil sie weitgehend empirisch desinteressiert und uninformiert sind. Wir sind mit Modellkonstruktionen konfrontiert, die die tatsächlichen Ausbildungsverhältnisse wenn überhaupt, dann allenfalls beiläufig in den Blick nehmen.[11]

Umgekehrt befreit dieser Blick auf die empirische Praxis der Lehrerbildung von technizistisch-zweckrationalen Vorabsetzungen, die einer Input-Outcome-Forschung immer schon zur Selbstrechtfertigung dienen. Er zeigt nämlich, in welcher Weise das Theorie-Praxis-Problem in die Praxis der Ausbildungsinteraktion einfließt. Wir können, trotz fehlender stringenter empirischer Beweisführung, als Hypothese festhalten, dass die Frage der praktischen Bedeutsamkeit in die Praxis der universitären Phase der Lehrerbildung lediglich als *Legitimationsproblem* Eingang findet. Mit „lediglich" meinen wir, dass keiner Vorlesung, keiner Seminarsitzung empirisch entnehmbar ist, welche praktischen Befähigungen im Sinne von Folgen mit der Ausbildungspraxis einhergehen. Der Praxisanspruch wohnt diesen Lehrformen – anders als etwa einem Computerkurs – nicht inne. Was sich hingegen empirisch beobachten lässt ist, ob diese Lehrpraxen, sei es von den Lehrenden, sei es von den Studierenden, sich selbst einem Praxisanspruch verpflichtet fühlen. Dabei ist festzuhalten, dass es ein eklatanter Fehlschluss wäre, in dem Aufscheinen eines Theorie-Praxis-Legitimationsproblems eine Annäherung an die Praxis zu sehen. Dies lässt sich an einem einfachen Beispiel aus dem schulischen Unterricht zeigen. Wenn hier die Lehrer ihre Schüler, wie regelmäßig zu beobachten, mit dem Hinweis auf die lebenspraktische Nützlichkeit des Dreisatzes oder des Satzes des Pythagoras bei der Stange halten wollen, dann ist damit offensichtlich keine Steigerung der praktischen Bedeutung des schulischen Gegenstands gewonnen. Umgekehrt eröffnet die Kritik der Schüler an „nutzlosen" Unterrichtsinhalten kein alternatives Unterrichtsmodell, sondern lediglich das Unbehagen an einer intellektuellen Praxis, an der man nicht partizipieren kann oder will.

---

11 Dass Interaktionspraxen, die für eine Vermittlung oder Verzahnung von Theorie und Praxis angerichtet sind, vor einem Interaktionsproblem stehen, weil sie über keine Interaktionsform verfügen, darauf weist Jessica Dzengel in ihrer Dissertation zur Ausbildungskultur im Referendariat hin:

Dzengel, J. (2016): Schule spielen: Zur Bearbeitung der Theorie-Praxis-Problematik im Studienseminar. Reihe Rekonstruktive Bildungsforschung, Bd. 7, Wiesbaden: Springer VS.

Insofern ähneln diese Schüler den von uns analysierten Lehramtsstudierenden. Das Ausmaß des Legitimationsproblems lässt sich hier wie da nicht angeben. Aber der Zusammenhang zwischen schulischem Unterricht und Lehrerbildung ist einen Seitenblick wert. So wie der allgemeinbildende Unterricht per se sich der zweck-rationalen Verwertungslogik entzieht (alleine schon deshalb, weil er, mit Humboldt gesprochen, keinen „Spezialunterricht" darstellt) und sich damit lediglich wert-rational auf die Eigenlogik der schulischen Bildung berufen kann, so gehört es zu einer zentralen Berufsaufgabe des Lehrers, diese Eigenlogik zu vertreten; auch und gerade *gegen* diejenigen Schülerproteste, die Nützlichkeit einklagen. Aus dieser Perspektive verhält sich die Reklamation des Schulischen im und gegen das Universitäre gestalthomolog zur Schülerhaltung. Wie diese an die Schule so richten sie an das Studium die Frage: „Wozu soll das gut sein?" Die werdenden Lehrer wollen in demjenigen System verbleiben, dessen wertrationale Eigenlogik ihnen suspekt ist.[12]

Der Praxiswunsch der Studierenden, der auf der Perpetuierung des Schulischen und der Scheu vor dem Universitären beruht, findet auf der Seite der Ausgestaltung der universitären Lehre durchaus Entgegenkommen. Die Anleihen an die Form-sprache des Schulischen sind nicht zu übersehen: Lehrveranstaltungen werden als Kurse oder als Unterricht bezeichnet, Referate werden zu Präsentationen, im Seminar werden Gruppenarbeitsphasen eingeführt. Den Studierenden wird damit ein semantisch-symbolisch vertrauter Raum eingerichtet. Die Zumutungen, sich mit den „fremden" Formen der universitären Lehre vertraut zu machen, sollen den Studierenden erspart bleiben. Wir vermögen nicht zu beurteilen, ob diese Tendenz, die im hochschulpolitischen Diskurs häufig als Moment der „Verschulung" der Universität aufgefasst wird, flächendeckend ist. Im Kontext des Lehramtsstudi-ums geht mit ihr, so vermuten wir, die Idee einer Praxisrelevanz durch Praxisnähe einher. Die implizite Unterstellung ist, dass sich der Praxisbezug des Studiums dadurch herstellt, dass Elemente der schulischen Praxis in die universitäre Lehre einfließen. Das kann nicht gelingen. Kein Lehrer wird dadurch besser auf sein

---

12 Rufen wir uns in Erinnerung, dass die Verwissenschaftlichung der Lehrerbildung in Deutschland von der Idee getragen ist, dass die gymnasiale Ausbildung eine propädeu-tische Vorbereitung auf das Studium darstellen soll, dass also der universitär gebildete Lehrer, gleichsam vom Geist der Universität infiziert, eine Brücke zwischen Schule und Universität schlägt (vgl. dazu Stock 2013 und die dort zitierte Literatur), erscheint die innere Abwehr gegen das Studium, die wir heute antreffen, geradezu als Karikatur dieser Idee. Weiterführung dazu:
Stock, M. (2013): Hochschulentwicklung und Akademisierung beruflicher Rollen. Das Beispiel der pädagogischen Berufe. In: Die Hochschule. Journal für Wissenschaft und Bildung 22, Heft 1, S.131-143.

Berufsleben vorbereitet, dass er statt eines Referats eine Präsentation vorbereitet. Gleichzeitig wird das, was die Universität als ihre eigene Leistung zu bieten hat, den Studierenden vorenthalten. Das Entgegenkommen kann nicht das leisten, was es verspricht. Es hat nur ein Scheinversprechen zu bieten. Das führt zu einer unbefriedigenden Situation: Die universitäre Lehre versäumt es zu tun, was sie kann und bietet dafür etwas, was sie nicht kann. Diejenigen, denen sie entgegenkommen will, profitieren kaum davon. Wir hören ja nicht nur die Klagen über eine berufspraktisch desinteressierte Wissenschaftlichkeit des Studiums; wir hören ja auch die verächtliche Kritik an „didaktisierten" Lehrveranstaltungen. Dass beide Einwände aus demselben Munde kommen können, verweist auf die unbequeme Lage im Lehramtsstudium.

Sollte die Überlegung, dass die universitäre Lehre, die nach dem Praxisbezug schielt, notwendig in eine unauthentische Lehrsituation gerät, triftig sein, dann bleibt ihr nur die diesen Praxisbezug ignorierende Aufrechterhaltung des ihr eigenen Lehrstils. Nur dann hat sie ihrer Klientel etwas zu bieten. Unweigerlich führt die Praxisorientierung in der universitären Lehre dazu, die Lehramtsstudierenden als Studierende zweiter Klasse zu behandeln. Gerade angesichts des Wohlwollens[13], das einerseits eine *besondere* Ausbildung für die angehenden Lehrer anstrebt (und zu dem politisch permanent aufgefordert wird) und das andererseits dem Praxiswunsch der Studierenden entgegenkommen will, erscheint es uns notwendig, diesen Sachverhalt zu betonen. Man könnte diesen Zusammenhang auch so formulieren: Je lehramtsspezifischer das Studium ausgestaltet wird, umso weiter rückt es von der universitären Logik ab und umso fremder erscheint es im Gehäuse der Universität. Wenn ein Studierender in den pädagogischen und fachdidaktischen Lehrveranstaltungen nur mit Fragen des „Stundenhaltens" konfrontiert ist und wenn ihn die Fachwissenschaftler mit einem zu Unterrichtszwecken reduzierten Wissen abspeisen – ginge es wirklich nur um Schulbuchwissen, reichte ja die Lektüre von Schulbüchern –, dann ist er von der auf Wissenschaft fußenden universitären Lehre ausgesperrt. Was einerseits vielleicht als Erleichterung empfunden wird (vgl. Fall VIII) führt andererseits zu einem geschwächten studentischen Status.

Dieser Zusammenhang lässt sich so wenig durch gegenteilige Behauptungen auflösen, wie er auch nicht durch diejenigen, die ihn rekonstruieren, in die Welt

---

13   Allerdings beobachten wir in erziehungswissenschaftlichen Kontexten, dass, sofern neben den Studienanteilen für Lehramtsstudierende ein erziehungswissenschaftliches Hauptfachstudium angeboten wird, bei allem Wohlwollen auch hier eine Tendenz vorliegt, die Lehramtsstudierenden als Studierende zweiter Klasse anzusehen. Das zeigt sich z.B. darin, dass im Rahmen der Lehrveranstaltungsplanung die Dozierenden die Übernahme nicht-lehramtsspezifischer Seminare präferieren.

gesetzt ist. Er wird auch nicht dadurch schwächer, dass man ihn nicht ausspricht. Im weitesten Sinne gehört er der distinktiven Welt des kulturellen Kapitals an. Es handelt sich um eine objektive Gegebenheit der Bildungswelt. Es geht uns nicht um die Skandalisierung dieses Zusammenhangs. Es geht uns vielmehr darum, im Anschluss an unsere Interviewanalysen diesen Zusammenhang als Hypothese möglichst klar zu formulieren, so dass sie weitergehender empirischer Überprüfungen zugänglich ist.

Unter der Voraussetzung, dass die hier entwickelten Thesen ihre empirische Triftigkeit erweisen, führen sie zu einer deutlichen Kritik an dem Versuch der Realisierung des Praxisanspruchs in der universitären Lehre. Dafür sind zwei Gründe maßgeblich: 1. Der Versuch selbst führt nicht zu dem erhofften, materialen Folgezusammenhang zwischen Ausbildung und Berufspraxis. Er führt lediglich zu Angleichungen der universitären Lehre an den schulischen Unterricht. 2. Diese Angleichungen enthalten den Studierenden das Potential einer universitären Lehre vor und bürden ihnen zugleich einen Prestige- oder Imageverlust auf.

Was aber spricht umgekehrt für eine „kompromisslose" Wissenschaftlichkeit der universitären Lehre? Uns scheint hier ein Konsistenzargument von grundlegender Bedeutung zu sein. Die Frage, welcher Ausbildungsstil der „bessere" sei, scheint uns wissenschaftlich seriös nicht beantwortbar zu sein. Wir brauchen jedenfalls nicht die Praxisorientierung der Pädagogischen Hochschulen zu kritisieren, um auf die immanente Konsistenz einer wissenschaftlichen universitären Ausbildung hinzuweisen. Die Verwissenschaftlichung der Lehrerbildung ist nämlich dann unglaubwürdig, wenn sie gleichsam eine Lehrerbildungsanstalt im Gehäuse der Universität errichtet bzw. errichten will. Sie ist nur dann rational begründbar, wenn sie konsequent an der Wertidee einer wissenschaftlichen Ausbildung festhält. Man muss dieser Wertidee nicht folgen. Wer sie verwirft, aber zugleich eine universitäre Ausbildung fordert, betreibt jedoch einen Etikettenschwindel.

Kommen wir zurück zu unseren Befunden zum Praxiswunsch der Studierenden. Nach den bisherigen Überlegungen können wir sagen, dass das ihm zu Grunde liegende Motiv darauf hinausläuft, sich selbst zum Studierenden zweiter Klasse zu machen. Dem muss die universitäre Adressierung nicht nachkommen. Wir haben gesehen, dass die Tendenz, dem zu folgen, unvermeidlich zu einer Herabstufung der Studierenden führt. Wie kann eine solche Herabstufung verhindert werden? Wir wollen hier die Probleme der fachwissenschaftlichen (und auch der fachdidaktischen) Studienanteile beiseitelassen und uns auf den „pädagogischen" Studienanteil konzentrieren. Die einfache, nicht originelle Antwort lautet, dass dieser als erziehungs- oder bildungswissenschaftliches Studium ausgestaltet wird; sich also als ein im weitesten Sinne sozial-, kultur- oder geisteswissenschaftliches Studium vollzieht. Positiv ist dieses Studium dadurch gekennzeichnet, dass es sich den Phänomenbereichen von Schule und Unterricht, von Sozialisation, Erziehung und Bildung zuwendet. Die Praxisbezogenheit dieses Studienanteils besteht also darin, dass berufsrelevante Phänomene und Themen die Bezugsgrößen der Einheit von Forschung und Lehre sind. Dieses weitgehend akzeptierte Modell, das häufig unter der Chiffre der Professionalisierung im Sinne der Herausbildung einer Reflexionskompetenz firmiert, wollen wir hier *gerade nicht* als ein berufspraktisch besseres Modell affirmativ postulieren. Seine Dignität bezieht dieses Modell aus dem allgemeinen Rationalismus der Geltungsüberprüfung empirischer Aussagen. Die Hoffnung, es möge dem Lehrer zu einer angemessenen oder angemesseneren Berufsausübung verhelfen, ist hier ebenso eine „Glaubensfrage" wie im Falle der Rezepturen für die gute pädagogische Praxis. Um in der oben kritisierten Standardterminologie zu sprechen: Die notorische Auffassung, die praktische Ausbildung sei der theoretischen in Sachen Praxisvorbereitung überlegen, sollte nicht dazu verleiten, ihre Falschheit durch die (ebenso falsche) Gegenmeinung, die theoretische Ausbildung sei die viel bessere Praxisvorbereitung als die praktische, rhetorisch zu unterstreichen.

Worum es zuallererst geht, ist die Aufrechterhaltung des Wissenschaftlichkeitsanspruchs gegen einen Praxiswunsch zu verteidigen, der sich eigentlich aus der „Diffamierung" der Wissenschaftlichkeit speist, und um die Einsicht in die Verwerfungen, zu denen ein Entgegenkommen führt. Je mehr es gelingt, die Lehramtsstudierenden als Teilnehmer an der „scientific community" zu adressieren, umso mehr ist die Lehrerbildung universitär integriert und umso mehr sind die Studierenden integriert im universitären Handlungsraum. Die Studierenden haben ein Recht auf diese Integration, auch wenn sie ihnen suspekt ist und schwerfällt.

The manufacturer's authorised representative in the EU is Springer
Nature Customer Service Centre GmbH, Europaplatz 3, 69115 Heidelberg,
Germany. If you have any concerns regarding our products, please
contact ProductSafety@springernature.com

Printed and bound by CPI Group (UK) Ltd, Croydon, CR0 4YY
27/04/2026
02097658-0002